险与保

王军 著

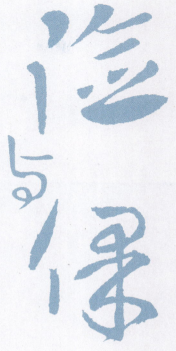

无论对于个体还是社会总体而言，风险可能随时袭来、无处不在。能否通过建立健全社会保障体系对那些面临现实或潜在风险的社会成员提供及时、必要乃至于有力的帮助，是检验和衡量一个民族文明进步程度的重要标志之一。尽心尽力地发展社会保障事业，是当代国家的一项核心职能，对于促进经济发展、社会和谐、政治进步都具有重要的意义。

人民出版社

Contents
目录

引　言

本书讨论的"险"，主要是指社会成员特别是那些弱者和潜在弱者在维护生存和实现自身发展方面，基本需求难以得到满足的现实风险和潜在风险。本书讨论的"保"，则是指为化解以上风险、满足社会成员基本生存和发展需要而建立的救济、保险、福利等各类社会保障制度。

无论对于个体还是社会总体而言，风险可能随时袭来、无处不在。正是"险"的诡异催生和发展着"保"。"5·12"汶川地震和应对国际金融危机使我更加深刻地认识到了这一点。我深深体会到：能否通过建立健全社会保障体系对那些面临现实或潜在风险的社会成员提供及时、必要和有力的帮助，是衡量一个民族文明进步程度的重要标志之一；发展社会保障事业，是当代国家的一项核心职能，对促进经济发展、社会和谐、政治文明具有极其重要的意义。

改革开放以来，中国经济快速发展，综合国力和财政实力不断增强，社会保障体系建设也取得有目共睹的成绩。十七大提

出要建立覆盖全民的社会保障体系和"五个有所",更为我国社会保障事业指明了前进方向。但也要清醒地看到:经济体制和社会结构的快速转型,既提供着前所未有的机遇,也孕育了前所未有的风险;我们既处于黄金发展期,也处于矛盾凸显期;社会保障事业发展的现状与构建和谐社会及全面建设小康社会的要求相比,还存在着诸多不相适应、不够健全之处。可以说,我们的社会保障体系建设既面临着公平方面的问题,也面临着效率方面的问题,在促进公平和提升效率方面都有很大的改革和发展空间。

问题的复杂和目标的宏伟决定了任务的艰巨和战略的重要。制定科学的社会保障改革发展战略,必须立足于我国的基本国情,必须服从服务于解放和发展生产力、极大地增加全社会的物质财富,逐步实现社会公平与正义、极大地激发全社会的创造活力和促进社会和谐这两大历史任务。而且,越是在应对金融危机的背景下,我们越是要注意加快发展社会保障事业;越是在社会保障加快发展的情况下,越要坚持从中国国情出发统筹规划和设计。为经济又好又快发展提供强力保障,为和谐社会建设提供有力支撑,为社会保障制度可持续发展打下良好基础。

财政与社会保障体系建设密切相关。近年来财政部在党中央、国务院的领导下,着力推动财政体制向公共财政的转型。公共财政从本质上讲是以人为本的民生财政,财政部门在社会保障体系建设中承担的责任,绝不仅仅是拿越来越多的钱来不断支持扩面和提标等具体工作,更重要的是用足够的时间和精力来认真研究并参与解决社会保障发展改革中面临的各种体制性、机制性、战略性、政策性问题。正如我在后文中所强调的,特定的政治、社会、经济和文化等方面的国情，决定了今后一段时期发展我国社会保障事业的复杂性和艰巨性。**一方面**，我们现阶段在社会保障体系建设方面还不可能像很多发达国家那样采取"福利＋保险"主导型的模式，至于北欧国家的"福利主导型"模式更不可取；**另一方面**，中国共产党肩负的历史使命，以及社会主义制度对公平正义理念的内在追求，使得我们也不可能像很多发展中国家那样仅仅建立"救济主导型"或仅仅停留在"救济＋保险"主导型的社会保障体系上，而是要在促进生产力不断发展的前提下，逐步实现通过必要的救济、健全的保险、适度的福利来不断满足人民的基本保障需求。

那么，社会保障发展史告诉我们什么经验和教训？各种保障模式的比较又给我们什么启发和思考呢？如何根据我国经济发展阶段和社会结构特点，以及应对危机、化危为机的需要，来具体设计社会保障制度的模式，实现救济、保险、福利等不同保障形态的合理定位和最优组合呢？如何发挥好公共财政职能，既"量力而行"又"尽力而为"，科学确定财政社会保障投入的规模、重点、方式和资金管理机制，特别是如何确保社会保障制度的可持续良性发展呢？等等，这些都是需要我们苦苦思索的重大课题。

风险给人类生存和社会运行带来了很大的威胁和灾难，但也为推动社会发展和增进人类福祉提供了不竭的动力和许多的契机，因为人类的潜能往往是在风险的倒逼中被加速激发出来的。没有风险，就很难有创新和进步。这样的社会只能从事马克思所说的简单再生产，停留在熊彼特所说的循环流转的静态经济状态。从一定意义上讲，人类社会的发展史，就是一部为了生存、繁衍和发展需要而与各类风险进行斗争的历史。正是在"风险产生—风险被防范或化解—新的风险产生—新的风险又被防范或化解"这一周而复始的历史过程中，人类得以进化，经济得以发展，社会得以进步，文明得以光大。

对于风险，通常有两种定义，一种定义强调风险表现为损失的不确定性，这种只会造成损失而无获利可能性的风险也叫狭义风险或纯粹风险；另一种定义则强调风险就是一种不确定性，风险产生的结果可能是带来损失，也可能是获利，或者既无损失也无获利，这是广义风险，它既包括纯粹风险，也包括像金融市场投资和实业投资这类活动所面临的投资或投机风险。此外，我们还可以从不同角度对风险进行分类。如按照承担风险的主体可分为个人风险、家庭风险、企业风险等微观风险和表现为宏观风险的国家风险；按照所涉及的范围可分为不与特定的人有关或至少是个人不能阻止的基本风险，以及由特定的个人所引起且损失仅涉及个人的特定风险；按照能否预测和控制可分为可管理风险和不可管理风险；按照潜在的损失形态分可分为财产风险、人身风险和责任风险；按照形成损失的原因可分为自然风险、社会风险、经济风险和政治风险，等等。总之，风险多种多样，产生于社会运行的几乎每一个环节，影响着人们生活的几乎每一个方面。

社会成员在基本生存和发展方面的风险，是狭义风险的一部分，但却是最基本的风险。从承担风险的主体来看，它首先体现为个人和家庭面临的微观风险，但很多情况下也会因波及面广

而聚集或扩张成为影响整个国家的宏观风险。造成风险的原因既可能是自然因素，也可能是政治、经济、社会因素或个人的因素。

为了防范和化解这一基本风险，林林总总的保障办法和制度应运而生。从一定意义上讲，国家本身也是人类社会为此设计的一种制度安排，无论是通过发展国防能力来抵御外侮还是通过强化社会治安来维护内部稳定，很大程度上都是出于保障社会成员生存安全的目的。随着物质的丰富、社会的发展和文明的进步，社会成员的保障需求越来越超出了防范暴力造成的生存风险的范畴，希望社会和国家能够化解他们因灾害或疾病等各种原因而面临的基本生活困难和生存风险，进而还能够帮助他们解决在实现自身发展方面面临的风险。人们对防范"险"的需求的不断升级，推动了"保"的不断进步和发展。正是在此背景下，国家在其国防、外交、治安等职能之外，逐步强化了其社会职能，社会保障这一更加积极、更符合人本主义的制度开始出现并不断扩张和发展。

本书对社会保障内涵和外延的探讨，重点关注的是政府直接推动建立和组织实施的各项保障制度，也就是通常所说的救济救助、保险、福利等保障制度。救济、保险和福利是社会保障最基本的形态。救济是为了解决最基本的生存保障需求，针对当期最紧迫的现实风险，对象是生活陷入困境的少数社会成员，资金来源于政府一般财政预算或社会慈善机构等主体。保险是为了解决社会成员的基本生活需要，既针对当期现实风险也针对未来潜在风险，作为一种就业关联型制度，参保对象通常是正规就业的

雇佣劳动者，强调权利与义务的对应，缴费与待遇的挂钩，资金主要来源于参保单位和个人缴纳的专项社会保险税（费），必要时国家财政给予一定的支持。福利则是为了进一步提高社会成员的生活质量，作为一种普享型保障制度，它强调公民的基本权利，并不要求直接对应的义务，每一个公民都有权获得相应的福利，社会福利制度所需资金主要来源于政府财政。

需要强调的是，社会保障制度与商业保险、家庭保障、慈善事业等其他保障制度关系密切，只有通过它们之间的合理定位和良性互动才能更好地满足社会成员的各类保障需求。因此，我们在重点讨论救助、保险、福利时，也会兼顾慈善事业、商业保险以及家庭（个人）保障的作用。同时，作为一种选择性的社会福利，我们也会谈及优抚问题。这样，对于党的十七大报告提出的"要以社会保险、社会救助、社会福利为基础，以基本养老、基本医疗、最低生活保障制度为重点，以慈善事业、商业保险为补充，加快完善社会保障体系"，我们将会有更加全面和深入的理解，并更加有力和彻底地加以贯彻。

上篇

人类社会保障发展概述

  从仅仅面向少数成员、针对最基本的现实风险，一直到面向全民、针对多种多样的现实风险和潜在风险；从给予临时的、初级的社会救济帮助，一直到提供"从摇篮到坟墓"一揽子高水平保障的福利国家，社会保障制度一路走来，可以说发生了脱胎换骨的变革。尽管已经有几千年的历史，但是社会保障制度的主要变革却发生在工业革命以来，特别是最近一百多年来的时间里。上篇的主旨就是对社会保障发展历程进行简要的回顾、梳理和剖析，探索制度发展的基本规律，总结对中国社会保障体系建设有借鉴意义的经验和教训。大致来讲，社会保障制度的发展历程可以划分为原始社会保障、传统社会保障、现代社会保障和当代社会保障等四个时期。

  原始社会保障时期。原始社会是人类社会发展的第一个阶段。面对极端恶劣的生存条件和相当低下的生产力水平，为了降低生存风险，人类早期不得不按照血缘关系组成氏族社会或部落社会，过着共同劳动、互助共济的群体生活，这也是最为原始的保障形态。这一原始保障制度有以下几方面的基本特征：（1）实行的是生产资料的共有制和生活资料的平均分配，由于没有剩余产品，对成员的基本生活保障功能直接体现在产品的初次分配中，社会保障制度和基本经济社会制度是一体的，不存在严格意义上的以再分配为主要特征的社会保障制度。也就是说，共有制和平均分配既是这一时期的基本经济社会制度，也是这一时期的社会保障制度。（2）家庭、单位、社会乃至"国家"等概念无论其内涵还是外延都是一致的，皆以氏族或部落的形式体现出来，保障主体和保障机制单一。（3）受制于相当低下的生产力发展水平，一旦面临较大的生存风险，个体保障和群体保障发生矛盾，社会不得不采取一些在今天看来非常不人道的保障制度安排。西方人类学家在进行跨文化考察时就发现，仍然保持着原始文化习俗的部落，为了缓解生存压力，存在虐待和遗弃老人的习俗，甚至有杀害女婴和食婴的现象。英国社会学家哈拉兰博斯发现，在加拿大哈得逊湾以西的加勒布印第安人曾经以鹿群为食物来源，当冬天或遇灾荒找不到鹿群时，为了避免群体成员都饿死，老人成为首当其冲的被淘汰者，他们要光着身子走到雪地里自杀。如果老人都死了，还不足以缓解危情，接下来的被淘汰者就会轮到女婴。这实际上是通过牺牲一部分人来为其他人的基本生活提供保障的制度安排。面对整个种群存亡的选择，我们无法指责这种保障原则的不人道，毕竟这种野蛮却又明智的做法，是早期人类得以延续下来的途径之一。它给我们最大的启示是：对社会中弱势群体的保护，严重受制于生产力的发展水平。

传统社会保障时期。传统社会保障时期实际上是与农业社会基本对应的，它包括奴隶社会、封建社会、资本主义社会初期。在封建社会刚刚开始向工业社会过渡的资本主义初期，英国等一些国家纷纷出台了《济贫法》等法律，通过国家立法的形式将对贫民的救济工作制度化，这一阶段通常称为济贫法时期，由于济贫法时期的社会保障制度与封建社会乃至奴隶社会相比并没有发生根本性变革，因此也应归入传统社会保障时期。之所以这样讲，缘于土地仍是最主要的保障载体，家庭仍是最主要的保障依托，救济仍是最主要的保障方式。传统社会保障时期，救济只是对土地保障和家庭保障的补充，且这一补充在很多情况下是不完全的。我把传统社会保障时期称为救济主导型社会保障时期。

现代社会保障时期。现代社会保障制度是工业化发展到一定程度的产物，进入现代社会保障时期的主要标志就是与工业社会相适应的社会保险制度的建立。这一时期开始于 19 世纪 80 年代，具体又可分为建立阶段、发展阶段和鼎盛阶段（也可称为成熟阶段）：（1）在 19 世纪 80 年代和 90 年代，社会保险制度在德国率先建立，并开始扩展到欧洲一些主要发达国家，这是现代社会保障制度的建立阶段。社会保险制度保障的对象主要是产业工人，政府提供的社会保障已经不仅仅是对家庭保障和自我保障的补充，在一定程度上成为替代。当然，由于社会保险制度刚刚建立，社会救济制度发挥着相对更大的作用，因此，这一阶段可以称之为"救济＋保险"主导型阶段。（2）20 世纪上半叶，是现代社会保障制度的发展阶段，社会保险制度不断发展和完善，在保障项目、保障范围和保障水平方面有了进一步提高，社会保险制度在社会保障体系中发挥着相对更大的作用，这一阶段可以称为"保险＋救济"主导型阶段，它也为发达国家过渡到下一步的福利国家打下了基础。（3）从 20 世纪 50 年代到 20 世纪 70 年代，现代社会保障制度进入鼎盛阶段，以英国及北欧国家为先导，"福利国家"在主要发达国家兴起，社会保障制度逐步实现全民覆盖，各种各样针对全民的社会福利制度开始涌现，救济制度发挥的作用逐步弱化，政府对公民的基本生活承担起了比较全面的保障责任。至此，发达国家社会保障制度进入"保险＋福利"主导型阶段，北欧一些国家发展成为"福利主导型"国家。

当代社会保障时期。20 世纪 80 年代以来，社会保障制度进入当代社会保障时期，主要是对现代社会保障制度进行了一系列的改革和完善，重新界定或调整政府、市场、家庭、个人的保障职能，对家庭和个人保障职能过度社会化以及市场保障职能过度政府化的情况进行改革。

传统社会保障时期

在奴隶社会、封建社会及资本主义社会初期这一漫长时段内，社会保障总体上一直处于传统社会保障制度时期，都属于"救济主导型"保障，其中以封建社会的保障制度最具有这一时期的代表性。同时，由于生产力、社会制度及结构等方面因素的不断进步及差异，奴隶社会、封建社会与资本主义社会初期的社会保障又都有各自的一些特征。

在奴隶社会，随着分工的出现和交换的扩大，生产力与原始社会相比有了一定的发展，并且出现了剩余产品，社会保障具有了一定的物质基础。但是，对占奴隶社会人口大多数的奴隶而言，由于他们没有自己的生产资料特别是土地，没有人身自由，劳动成果也完全归奴隶主所有，因此，这一时期的保障制度特点是这样的：

第一，缺乏土地等基本生产资料和生活资料的奴隶，不具备起码的自我保障能力。第二，奴隶的生活保障完全由其主人——奴隶主负责，这种生活保障形式，我将其简要称为主从保障。第三，奴隶主对奴隶的生活保障不是基于人权乃至良知，而是完全出于其自身生产和扩大再生产的需要，具有极强的功利性，可以说与奴隶主维护所饲养的牲口的生存需要的行为没有本质差异。古罗马的一位农学家瓦罗直接把奴隶称为"能讲话的农具"，另一位政治家和农学家加图明确主张把年老体衰丧失劳动力的奴隶像"赶牲口一样的赶走"。第四，奴隶主对奴隶生活保障的载体就是土地。

当然，除奴隶和奴隶主外，奴隶社会也有少量的平民等其他群体，对平民而言，他们在社会保障方面与我们下文讲到的封建社会没有本质的区别，但是毕竟这不构成奴隶社会主流的保障方式，我们将在下文一并论述。此外，奴隶社会也有一些具有"社会保障"色彩的保障方式开始萌芽，尽管从宏观角度考察它们发挥的作用可能微乎其微，但却为以后社会保障的发展奠定了一定的基础。比如，早在公元前4000多年，古代埃及修建金字塔的工匠们已经自发地组织起互助共济会，定期或不定期地缴纳会费，以支付会员死亡的善后费用。公元前18世纪，古印度的陶工、染工、象牙工人等手工劳动者，也曾建立起一种互助组织，通过定期收取会员会费建立基金，向遭遇不幸的会员发放疾病津贴、丧葬费和寡妇津贴等等。

人类社会发展到封建社会，社会成员的主体演化为拥有一定土地作为生产资料的自耕农或佃农，他们不再像奴隶那样被当作生产工具使用，而是具有相对自由身份的劳动者。这一时期社会保障制度有以下几方面的特点：

第一，与奴隶社会大多数成员因缺乏土地而不具备自我保障能力不同，土地已经成为大多数社会成员最主要的社会保障载体和决定其保障状况的基本因素。

威廉·配第有一句名言，土地是财富之母，劳动是财富之父。土地作为农业社会生产资料和社会财富的主要表现形式，既是一种基本的生产要素，也是农民最主要的保障载体。为什么这么说呢？土地收入除了日常消费以外，可以积蓄一些用于以丰补歉或医治疾病等，尽管很多人的积蓄是靠平日节衣缩食而来的。如若不是群体性风险，比如大面积瘟疫或特大旱涝灾害，还可以以土地作抵押，换取一些钱物渡过难关，乃至可以卖掉土地去救命。即使亲戚邻里间的借贷互助抵抗风险，一般也是以家庭土地为基础的。

可以说，在整个封建社会和农业社会，兼具生产要素功能和社会保障功能的土地，一直是农民的命根子，同时也是影响社会运行乃至政权兴衰的决定性因素之一。对农民而言，一旦失去了赖以生存的土地，除了要饭或造反，只能饿死。因此，中外统治者都会想方设法抑制土地兼并，以维护政权稳定。在中国，无论王莽托古改制实行王田，还是隋唐的均田制和王安石的方田均税法，目的都在于此。明朝洪武元年（1368年）诏令曰，耕者验其丁力，计亩给之。使贫者有所资，富者不得兼并。若兼并之徒多占田以为己业，而转令贫民佃种者，罪之。在罗马帝国时期，公元前376年颁布的李锡尼—隋克斯都法案，规定罗马全体公民都可以占有和使用"公地"，使平民首次正式获得了分配公地的权利，保障了他们的基本生存权，大大缓解了很多平民因缺少土地而生活困苦的状况。进入中世纪以后西欧封建社会的附

庸——领主制和庄园制，也都是以土地制度为基本依托的保障制度。从最上层的国王到处于中间地位的大小封建主和贵族到下层从事农业生产的农奴，层层分封土地，领主向附庸赠予土地并提供免遭人身和财产侵害的保障，在谷物歉收或发生其他困难时向农奴发放适当的救济品，有个别的还为丧失劳动能力者提供最基本的生活保障，以维持再生产的需要。附庸则要为领主承担服军役的义务并提供经济上的支持。封建制度这种以土地占有制为中心的制度，既是一种政府组织形式，也是一种社会结构，而保障功能则内含于这一制度模式之中。

第二，与奴隶社会奴隶的保障完全依托奴隶主不同，家庭和家族是当时为个体生存风险提供保障的主要组织依托。

家庭作为人类社会的基本细胞，在封建社会时期所处的农业文明阶段，既是消费单位也是生产单位，同时又是家庭成员面临老弱病残等风险时保障职能的主要提供者，家庭保障职能建立在代际之间的互惠这一伦理基础上。家庭的这种保障职能在具有大家庭传统的中国等东方国家和东欧、东南欧国家尤为突出，西欧国家则相对弱化一些。在中国，从宋代开始，在家庭基础上依血缘姻亲关系组织起来的宗族开始在为其成员提供生活保障方面承担起越来越多的功能。范仲淹任杭州知府时，将官俸所入买田收租协济族众，是为族田义庄之滥觞，后代官僚富商纷纷仿效。明清时期，民间宗族纷纷走上以祠堂、族谱、族产为标志的组织化的道路，在为族内成员提供基本生活保障方面发挥了更大一些的作用。

第三，政府或教会对社会成员也承担了一定的保障职能，主要方式是临时救济。

实际上，在奴隶社会阶段，国家即已开始对奴隶以外的社会成员通过临时救济等方式给予初级的保障，我国夏、商、周三代奴隶制国家的王室支出中都包括"赈荒支出"。据《周礼》记载，实行荒政和救济孤寡是大司徒的一项重要职责，而"遗人"则具体负责日常及灾荒时的救济与施舍。罗马帝国屋大维时期，也曾对无产贫民给予粮食救济和金钱补贴，并举办公共工程提供就业，以防止他们的反政府暴动。到封建社会，这种临时救济措施进一步发展。在以中国等为代表的东方国家，主要是由政府主导的；而在西欧国家，中世纪以后则更多地体现出宗教主导的色彩。这分别与中国传统社会"家国同构"的组织方式和中世纪西欧国家"政教合一"的政治制度相对应。

在古代中国，流行的是"普天之下，莫非王土，率土之滨，莫非王臣"的国家观念，皇权至高无上，没有超乎其外的在国家事务中发生作用的力量。皇权和朝廷视臣民为"子民"，老百姓视政府官员为"父母"，"父母"对"子民"的生产、生活等各个方面承担一定责任是自然的事情。因此，"天地之大无弃物，王政之大无弃民"是历代统治者所标榜和追求的"仁政"原则。不管在实践中做得如何，历代明智的统治者都自觉或被动地将救助社会弱者作为自己的责任。在西汉时期，施粥赈饥已成为救助灾民的普遍方法，赈粥诏令屡有颁布，对因受灾而无住处的流浪乞讨人员，则实行给予暂时安置的"居养"制度。南北朝时期的"六疾馆"、隋朝时期开始实施的"义仓"都是这方面的例子，到明清时期就更进一步了。

在西欧国家，中世纪以后，随着教会逐渐成为大土地所有者和经济地位的提升，他们的管辖权也从精神领域扩展到了世俗领域，开始在国家社会保障事业中发挥越来越大的作用，一度成为西方国家维护社会稳定和保障社会成员生存权利的基本机制。公元 800 年，法兰克国王查理曼在罗马的圣彼得大教堂作祈祷时，教皇把一顶罗马皇帝的金冠戴到了他的头上，在西欧重新建立了所谓的"神圣罗马帝国"，查理曼是皇帝，教皇是最高教主。在查理曼统治时期，教会的救济工作走上了制度化轨道，成为教会的主要工作之一。不管实际做的到底如何，但当时的法律已明确规定：在教会所有收入中，要有四分之一用于救济穷人。直到 18 世纪末期，教会举办的慈善机构仍是法国唯一的救济机构。英国社会历史学家阿萨·勃里格斯在描述 16 世纪英国如何解决社会贫困问题时说："迄今为止，表现最为突出的是教会，它通过各地的修道院及城市中的慈善组织，倘若不是有计划地，也是直接地以提供衣食的方式参与对穷人的周济"。时至今日，宗教仍在补充国家正式社会保障制度安排方面发挥着巨大的作用。

第四，从保障效果看，尽管社会成员的保障需求比较简单，也难以得到有效满足。

封建社会社会成员的保障需求相对单一，主要就是解决因为自然灾害等原因而造成的饥饿这一当期风险，满足养家糊口之需，但即使如此也很难真正得到满足。这是有历史必然性的。首先，从经济上看，在当时以农业经济为主导的社会，作为主要生产要素的土地缺乏必要的供给弹性，加之技术进步缓慢，在农村人口和劳动力不断增加的情况下，人地关系趋于紧张，甚至出现了因劳动力边际产出下降到不足以维持劳动者及家庭基本生存需求水平的"农业内卷化"现象，因此根本无法产生和积累足够的剩余产品来满足保障需要，而主要依靠田赋收入的国家财政既要维持政权运转，又要供应帝王奢侈消费，还要满足其对外征战的需要，哪里还有多少余财用在保障社会成员基本生存需要方面。其次，从政治上看，在实行绝对君主制、"朕即国家"的封建专制社会，权力和责任都高度集中于皇帝（和教皇），国家政权体系内部各级、各部门的官僚本质上都是对皇帝而非人民负责，人民又缺乏正常渠道将自己的诉求反映出来并影响决策，因而不可能真正建立起对包括社会保障在内的各类国家事务的分级负责机制和公共参与机制，难以充分调动和发挥国家机器在提供保障和应对风险方面的积极性。第三，从社会保障制度的定位看，当时社会保障只是统治者防止社会动乱、营造盛世氛围的一个工具，政府、宗教以及民间的救济行为更多地被视为一种施舍和恩赐，而非义务，社会成员享有社会保障并非一种被认可的权利。这与今天的社会保障制度定位存在着本质差异。以上几方面的因素，决定了当时的保障制度根本无法解决社会成员面临的基本生活风险，历朝历代抑制土地兼并的举措至多只能收一时之效，一有天灾人祸，往往仍然出现民不聊生，社会动乱接踵而起的局面。以我国为例，历史上的农民起义几乎都是在大灾带来大饥荒的社会背景下产生的，通常以因封建王朝救灾不力而造成的抢米抢粮为前奏。

封建社会的基本保障模式是一种"土地＋救济"的保障模式。封建社会时期农民的基本生活保障方式以及土地保障功能的重要性可以用如下几个收支等式加以简要说明：

在正常情况下，也就是农民没有面临意外生存风险、农业生产大体风调雨顺的年景，农民能够在土地上获得比较正常的当期收入，在缴纳田赋（田租、口赋等）后形成的净收入，除用于当期的基本生活需要外，还可能有少量剩余（大部分要靠节衣缩食来实现）进行必要的储备，以应对未来可能存在的风险等，因而有如下收支等式成立：

等式1：农民当期土地收入－田赋＝维持当期基本生活的支出＋必要的储备

在农民遭遇到如家庭成员生病，主要劳动力生病、致残或去世等个人风险而导致土地收入减少和支出上升（治疗疾病等的需要）等情况时，当期土地净收入已经不能维持当期基本生存需要，更无力进行必要的储备。同时，在封建社会，由于这种个体化风险并不会简单直接冲击社会稳定，不会被国家纳入救济范围。农民只能通过动用前期储备（一般不会很多）、向他人借贷（可能需要抵押土地）甚至是卖地等方式来弥补当期收支赤字，以维持基本生活需要。一旦穷尽以上几条渠道仍无法应对风险，则往往落得卖儿卖女甚至家破人亡。这类情况下的收支等式体现为如下形式：

等式2：农民当期土地收入－田赋＋前期储备＋通过土地抵押的借贷收入＋卖地收入＝维持当期基本生活的支出＋疾病治疗等风险支出

在农民遭遇大的自然灾害等风险时，能够从土地得到的收入大大降低，国家的保障职能可能开始介入进来，以帮助农民维持基本生存。这一方面是因为特大自然灾害等风险造成了损失的普遍性，农民难以再像面临个体风险时通过相互之间借贷等互助保障形式来渡过难关；另一方面是因为这类群体性的风险也很容易直接影响社会稳定、动摇封建王朝统治的根基。国家的保障职能既体现为直接的救济，也体现为通过减免田赋等形式的间接救济。但是，国家的救济主要是针对自然灾害造成的收入下降风险而非支出上升风险。此时的收支等式体现为如下形式：

等式3：农民当期土地收入－田赋（但比正常时期会大大减少甚至暂时免除）＋公共救济＋前期的储备＝维持当期基本生活的支出

封建社会，国家财政收入的最主要来源就是土地提供的田赋，支出则主要用于维护封建政权的正常运转（包括供养皇室及军队），并履行像救灾救济等一些公共服务和社会管理职能，因此其收支等式是：

等式4：田赋等财政收入＝政权运转支出＋救灾救济等公共支出

由于政权运转支出具有一定的刚性，在遭遇较大范围的自然灾害时，一方面国家财政收入会有较大幅度的下降，另一方面救灾救济的支出需求又会大大增加，因此政府很容易陷于收不抵支的境地，即使动用前期的储备也较难以切实承担起对灾民的保障责任。这说明，作为最主要保障载体的土地，实际上也是当时社会保障制度发展的最大局限因素。

以英国1601年颁布《济贫法》为标志，传统社会保障制度建设开始进入了济贫法时期。济贫法时期的基本背景是：农业社会开始向工业社会过渡，但是工业社会的发展仍然不很成型；封建社会开始向资本主义社会发展，但是资本主义仍然处于初期阶段。具体来讲：

一方面，农业社会向工业社会的过渡，特别是圈地运动的兴起，造成了土地的基本生活保障功能的弱化和大量流民的产生。在封建社会和农业社会，养老、医疗的保障因生产力水平的限制根本谈不上，小农经济的生产方式也不容易产生像工业化大生产条件下那样系统性的残疾、贫困、失业等社会风险，所以自然风险和个体风险是农业生产和人们基本生活的主要威胁。这类风险的偶然性、间歇性、地域性并不能构成建立制度化的社会保障体系的客观依据。因此，社会救济是临时救济为主导。随着农业社会开始向工业社会过渡以及圈地运动的兴起，人们面临的风险逐渐发生了变化。自 15 世纪末叶开始一直持续到 19 世纪中期的圈地运动，是英国等发达国家进行资本原始积累的重要手段之一，大地主和贵族通过用篱笆、栅栏、壕沟等把强占农民的份地和公有土地圈占起来，变成私有的大牧场、大农场。根据 1630 年和 1631 年的调查报告，英国莱斯特郡在两年内圈地即达 10 万英亩，占该郡土地的 2%。18 世纪和 19 世纪，仅英国议会批准通过的圈地法案就圈占了 269 万公顷的土地，欧洲大陆国家的圈地运动也开始迅速推进。在圈地运动以及工业化进程中其他因素的推动下，越来越多的劳动力开始与土地这一基本生产要素脱离。针对英国圈地运动，马克思说，大约在 1750 年，自耕农消失了。而在 18 世纪最后几十年，农民公有地的最后痕迹也消灭了。在丧失土地对他们的基本生活保障功能后，众多农民被迫背

井离乡沦为乞丐和流浪者，或被迫进入工厂成为资本家的廉价劳动力。在 18 世纪 60 年代，总人口 60 万人的巴黎约有 1/5 是乞丐。在资本原始积累和工业革命冲击下，农民大量失去土地，手工业者所从事的传统产业败落，导致了普遍、经常、持续的贫困现象，流动人口大量出现，沿街乞讨现象逐渐增多，成为当时危及社会安定的重大问题。再者，由于工业化的社会保障制度远未确立，因此通过实施强有力的救济来加以解决的社会保障制度应运而生。

另一方面，封建社会向资本主义社会过渡过程中，教权衰落和王权兴起，意味着更多的保障责任将从教会转移给政府来承担。 封建社会后期，在英国等西欧国家，教权与王权关系的主线逐步由合作转为冲突，经过长期的斗争，特别是随着资本主义的兴起和宗教改革运动的深入，教权逐渐削弱而王权得以加强。比如，1536 年英王亨利八世为避免教会和世俗政权分庭抗礼，就曾下令没收了修道院的财产并分给其随从，这一举措抽掉了教会提供社会服务的相当或大部分资源。因此，世俗政权在战胜教会权力的同时，也不得不继承了封建社会时期主要由教会承担的社会保障等社会责任，逐步建立起由政府推动施行的扶贫机制。

根据《济贫法》，英国普遍设立了收容贫民的济贫院对贫民实施救济，每个济贫区都要委任若干贫民救济官，对所有贫民和他们的家属按照不同的情况分别采取不同的方法予以解决：一是健壮贫民，要求通过做工来实现自给；二是无工作能力的老弱残障者，以院内收容和院外救助两种方式救助；三是失依儿童，以孤儿院收养、家庭补助、家庭寄养等方式来抚养。为此，英国开辟了专门的筹资渠道——征收济贫税。此后300年的时间里，随着经济社会状况和社会价值观念的演变，英国又颁布其他有关法律对济贫政策进行了多次调整。根据1782年通过的《吉尔伯特法》和1796年通过的《斯品汉姆兰法》，英国建立了广泛的院外救济制度，采取居家原则救济贫民，通过提高济贫税，把济贫范围扩大到有人就业的贫穷家庭，还规定按面包的市场价格对低工资的劳工或贫民按家庭人数给予补贴，建立了救助金的调整机制。但是，两法颁布后申请救济的人数迅速增加，造成了济贫支出的负担越来越重。当时英国工业革命正在迅猛推进，对劳动力的需求不断膨胀，通过严格救济条件和停止"院外救济"，敦促有劳动能力的人尽可能去寻找工作，能够为工业革命提供数量更加充足和成本更加低廉的劳动力，符合新兴资产阶级的利益。1834年，英国国会通过的新《济贫法》又取消了院外救济措施，规定贫苦者只有进入济贫院才能得到救济，而济贫院是按照比"最低阶级的独立劳工"待遇更低、工作更重的原则管理的，且接受救济的条件非常严格，甚至将丧失政治公民权和选举权（直到1918年才废除）。当时的济贫院实际上从救济穷人的机构变成了惩罚穷人的场所，凡是有劳动能力的人要想生存，或者去参与市场中的自由竞争，或者进入比监狱还要恶劣的贫民习艺所。

尽管发展过程中经历反复，但英国的济贫法与封建社会的社会保障措施相比还是具有明显进步意义的。它不仅被英国在美洲大陆的殖民地及独立后的美国所借用，也影响到了其他许多国家。如瑞典1763年制定了济贫法，法国资产阶级革命后的1793年宪法正式确立了政府解除贫困的责任，荷兰在1854年颁布了济贫法，日本在明治维新后于 1874 年颁布了救恤规则，制度化的济贫行为在越来越多的国家被推广。社会保障制度发展到济贫法时期，与封建社会时期相比，主要有两个明显不同的特点：

一是虽然受经济条件的限制仍以救济为主导，但救济形式逐步由道德驱动的、慈善性质的临时救济向法律驱动的、经常性的制度化救济转变。在封建社会，无论是官方、民间还是宗教团体实施的救济行为，都缺乏真正的法律保障，获得救济并非接受方的法定权利，提供救济也非教会、政府或个人的法定义务。"宗教慈善事业是天国上帝的慈悲，官办慈善事业是人间帝王的慈悲，民办慈善事业是个人发自内心的慈悲"，"慈悲虽然是一种善心，是一种情操，却无法持久，因为它不是经常的，也不是固定的"。进入济贫法时期，救济措施由于有了法律的保障和政府的主导而更加机制化，实施救济成为政府应当承担的义务，接受救济也成为符合条件的社会成员的一项权利，尽管这一权利仍然比较初级，并附带有苛刻的前提条件。因此，政府对济贫事务的强力介入表明其认识到了自己所应当承担的保障责任，也为其推动建立更加高级、更加完备的现代社会保障制度和逐步为公民确立完整的社会保障权利进行了必要的铺垫。当然，在这个时期，济贫政策仍然只是对土地保障和家庭（家族）保障职能的补充而非替代，即使这种补充也是不完全的，特别是在社会不够稳定的时期。比如，英国在 1642—1660 年内战和动乱期间，征收的济贫税大大下降，只能支付庞大济贫费用的 7%，其余皆来自私人慈善事业。又如，日本在明治维新后通过的"救恤规则"即明确规定，在国家实施救助之前，凡有亲属、地缘关系的人，应首先

由其承担相互扶助的义务。当时有关亲属抚养范围的规定是很宽的，只要有亲缘关系，甚至"外戚亲属及同姓并提供寄宿者"都包括在亲属范围之内。

二是随着资本主义和市场经济的萌芽及产业工人的产生，除济贫制度以外，商业保险等市场化保障机制开始萌芽，行会保障职能的发挥也为社会保险制度的建立奠定了一定的组织基础。海上保险、火灾保险、人寿保险等商业保险自17世纪开始在风险防范和生活保障方面发挥作用。1706年，伦敦特许成立了友爱保险社，推出了终身人寿保险。18世纪后期，随着厘定寿险费率的数理方法的引入，人身保险获得了快速发展。此外，随着城市社会的兴起和手工业的发展，行会在西方国家也日益成为一种重要的社会保障组织形式。行会既是产业协调组织，又是帮助工人解决生活问题的保障实体。17世纪以后的英国，在行会基础上发展起来了友谊社，它是为增强个人保障能力而结成的互助保障组织。1815年，英国友谊社会员人数达到92.5万人，到19世纪末，进一步增长到约400万。17世纪在普鲁士地区也形成了较为著名的矿工协会、疾病保险机构等组织，为会员提供一些保障支持。19世纪中期，德国境内具有互助共济性质的行会组织已普遍存在。行会组织的不断发展，为国家立法实施就业关联型的社会保险奠定了基础。

现代社会保障时期

现代社会保障时期可以大致分为建立阶段、发展阶段和鼎盛阶段。我们重点对以社会保险制度诞生为标志的建立阶段和以福利国家兴起为标志的鼎盛阶段进行分析，对发展阶段仅做简要讨论。这主要是考虑，社会保险制度的产生和福利国家的兴起都是社会保障发展历程中具有里程碑意义的事件。而发展阶段作为过渡时期，制度创新的色彩相对弱一些。

1. 现代社会保障制度的建立阶段

在 19 世纪 80 年代和 90 年代，以德国为先导，欧洲一些资本主义国家纷纷建立起社会保险制度，标志着现代社会保障制度开始迈上历史舞台。在农业社会，农民的自我保障主要依靠土地收入，社会保障则主要通过临时救济，且救济所需资金也是主要依靠土地收入来筹资，这是一种农民依靠土地收入的自我保障

与国家临时救济的社会保障相结合的"土地＋救济"保障方式。在工业社会，随着生产力的进步和资本的不断积累，土地在社会总生产要素和总财富中所处的相对地位明显下降，其保障功能难以随着经济社会发展而同步提高。产业工人的自我保障主要依靠其工资收入，社会保险等社会保障制度开始逐步发展，社会保险资金则主要从工资收入中筹集，从而出现了工人主要依靠工资收入的自我保障与国家提供社会保险相结合的"工资＋保险"全新保障方式。随着工业化进程的推进，在"土地＋救济"保障方式之外，"工资＋保险"保障方式不断发展，社会保障制度由救济主导型阶段进入了"救济＋保险"主导型阶段。

进入工业社会后，社会成员的主体逐步由依靠土地收入为生的农民转变为依靠工资收入为生的从事雇佣劳动的工人。我们在上面曾经分析到，在农业社会，农民收入主要来源于土地，土地收入相对较低，同时又受自然条件的影响而存在较大波动性。土地收入的以上特征，一方面意味着进行必要储备来以丰补歉的重要性，另一方面却又限制了农民个人乃至社会整体进行足够储备的实际能力。工业社会中工人的劳动所得主要体现为工资的形式，与土地收入不同，工资收入一定程度而言具有相对稳定性。由于工业生产中劳动者与生产资料所有权相分离，不能像农民那样依靠土地这一基本生产资料来提供养老保障，而且工业生产催生、集聚和放大了人们面临的工伤、失业、疾病等风险，因而进一步强化了社会成员对社会保障的需求。由于工业社会和农业社会在社会结构、生产方式、收入形式等方面存在的差异，因此，工人的工资收入除维持当期的基本生活需要外，理论上讲也应当固定地包括集中一部分"余钱"，用于抵御现实风险和潜在风险的储备。马克思在《哥达纲领批判》中就指出了工业社会的劳动所得应有部分用于不幸事故、贫困等风险储备的必要性。

在工业社会前期，理想和现实还是存在很大的差距。由于大量农业剩余劳动力的存在抑制了工人工资水平的上升，而资本家为了增加资本积累更是尽可能压榨盘剥工人，不可能主动为他们提高工资或增加余钱。因此，这一时期，尽管 GDP 与历史上相比出现了较快增长，如英国、法国、德国 19 世纪的年经济增长率分别为 2.5%、2% 和 3%，但 GDP 的增长主要是靠吸收越来越多的农业劳动力进入工业部门来推动的，新增的财富也主要被资本家占有用于再生产或消费，普通工人工资水平普遍较低且增长乏力，甚至长期在工资最低限度边缘徘徊，不可能真的有多少"余钱"用于抵御风险的需要。据统计，自 19 世纪上半叶，英国工人的实际工资水平几乎没有什么增长，1850 年与 1810 年相比，建筑业工人的工资仅增长了 1.8%，而棉纺工业工人的工资在同期还下降了 12%。直到 19 世纪 90 年代，在德国，一个 5 口之家的平均生活费为每周 24 马克 40 芬尼，而当时平均每名工人的周工资仅为 21 马克 10 芬尼。

但是，工业社会中工人面临的工伤、失业、疾病和养老等风险又确实是个人难以抵御的，不仅会给家庭带来灾难，也会影响到资本家扩大再生产。而且，随着工人阶级队伍的不断壮大，19 世纪三四十年代，欧洲工人阶级为维护自身权利而爆发的法国里昂丝织工人起义、英国宪章运动、德国西里西亚纺织工人起义等三大工人运动，更是对资产阶级统治和国家政权稳定造成了巨大冲击。正是在此背景下，资本主义国家开始着手推进社会保险制度的建设，一方面通过给予工人"保险"的方式适当减少其对低工资水平的不满，缓和阶级与社会矛盾；另一方面通过社会保险来加强对工人阶级的控制。正如俾斯麦所说的，"一个期待着养老金的人是最守本分的，也是最容易被驯服的"，"伤残保险和养老保险是削弱革命的投资"。因此，德国率先于1883年、1884年、1889年分别颁布了《疾病保险法》、《工伤事故保险法》和《养老、残废、死亡保险法》。继德国之后，奥地利和捷克都在1888年立法实施医疗保险，挪威在1890年、1892年和1894年先后立法实施医疗保险、养老保险和工伤保险，匈牙利在1891年建立了医疗保险制度，丹麦分别在1892年和1898年建立医疗保险制度和工伤保险，比利时在1894年开始实行医疗保险，意大利于1898年实施强制性工伤保险及老年和残废保险，法国也在1898年建立了工伤保险。

所谓社会保险，就是在政府主导和强制下，通过雇主和雇员缴纳专项费（税）和国家给予必要补贴等方式来筹集资金，为参保人面临规定的风险时提供现金、实物或服务等方面帮助的就业关联型保障制度。这种"工资＋保险"的保障模式，完全是与产业工人队伍的产生和发展相适应的：（1）工业生产场所劳动力密集、劳动强度大及工作环境条件差等因素使得疾病风险比农业生产更突出，催生了医疗保险制度；（2）进入19世纪，工场手工业逐步转变为机器大工业阶段，工业生产中机械设备的广泛使用、人与机器的直接结合、生产过程的复杂性以及劳工保护条件差带来了比较严重的工伤风险，工伤保险制度得以建立；（3）资本主义市场竞争和经济周期造成了单个行业和整个工业的波动性，大大增加了工人面临失去工作岗位和生活来源的风险，失业保险制度的建立也成为必要；（4）由于劳动者与生产资料占有权分离，工人在年老离开工厂后，既没有土地保障作为依托，又没有或极少有从工资中积累下必要的剩余，还渐渐失去了劳动能力，因此需要建立养老保险制度来保障其晚年基本生活。因此，通过实施"工资＋保险"的保障模式，应对工业社会的新增风险，并将原来家庭内部的风险共担机制和代际收入转移机制在整个社会的范围内进行重建，以填补经济社会结构变化造成的"制度真空"，是工业化进程发展到一定程度的必然结果。

与传统社会保障时期据主导地位的社会救济相比，社会保险制度的产生是社会保障制度发展的历史性跨越。 对于社会保险制度建立的意义，正如国际劳工组织所评价的，"在社会政治历史中，没有什么事情比社会保险更能急剧地改变普通人们的生活了"。我们同样也可以通过几个简单的收支等式，对工业社会下社会保险制度的保障机制加以简要说明。

对参加社会保险制度的工人而言，当他没有遭遇风险时，有如下等式成立：

工资收入－个人社会保险缴费＝维持基本生活的支出＋必要的储备

在制度建立初期，工人工资水平较低，社会保险缴费水平也低，而净收入除维持日常基本生活外，可能只剩很少的余钱甚至没有余钱来进行必要的储备了。随着生产力的继续发展和工资水平的不断提高，工人手中的余钱会相应增加，一方面推动了社会保险保障水平的提高，另一方面工人通过储蓄进行自我保障或依托商业保险等市场化保障机制的能力也得到增强，保障形式逐步丰富。

社会保险制度建立初期，工人遭遇风险、收入减少而支出增加时收支等式的基本形式为：

工资收入－个人社会保险缴费＋社会保险金＋前期储备＝日常维持基本生活的支出＋应对基本风险的支出

其中：社会保险金＝工人个人缴费＋雇主缴费＋国家补贴

在生产力水平进一步发展，工人余钱逐步增加后，应对风险的收支等式基本形式为：

工资收入－个人社会保险－商业保险缴费＋社会保险金＋商业保险金＝日常维持基本生活的支出＋应对基本风险的支出＋应对基本风险之外超基本风险支出

与农业社会的社会保障相比，工业社会建立社会保险制度后的保障机制呈现出以下几个主要特点：（1）社会保障的主体更加多元，既健全了保障体系，也完善了筹资机制。在农业社会，农民的基本生活保障主要是自己的责任，政府必要时给予临时救济。在工业社会，保障主体由农业社会的政府和个人扩大为政府、个人、雇主和市场等多个方面，资金渠道也从政府一家承担救济金变为雇主、个人和政府分担保险金。社会保险制度中，雇主对每个项目都承担着缴费责任，在有的保险项目中可能是主要乃至全部缴费责任。德国建立社会保险制度时规定，雇主要承担工伤保险费的全部、养老保险费的1/2和疾病保险费的1/3。社会保险制度之所以强调雇主责任，一方面是因为工人面临的工伤、疾病、失业等风险与雇主有着直接联系，以及妥善解决工人的这些风险有利于维持和促进雇主的生产经营活动。另一方面也是因为在制度建立初期，工人工资水平偏低，没有能力自己缴纳全部或主要的社会保险费用。市场化保障机制也在生产力水平进一步提高及工人和社会的"余钱"逐步增加后发展起来，或者是职工个人购买商业保险，或者是雇主与职工共同出资建立职业年金。保障主体及筹资渠道的多元化，有利于健全多层次的社会保障体系以满足不同类型的保障需求，也为社会保障制度的持续发展和进一步扩张奠定了更坚实的财务基础。至此，如何定位不同主体的保障责任成为社会保障体系建设中需要妥善处理的一个重要问题。（2）社会保险制度防范的风险范围大大拓宽。首先，与农业社会主要针对自然灾害等群体性风险给予保障的临时救济不同，社会保险将群体风险和个体风险都纳入保障范围，且群体风险和个体风险的内容比原来更加广泛。第二，与农业社会的临时救济主要是解决收入波动带来的风险不同，社会保险除了化解因失业以及工伤、疾病休假等造成的收入下降风险外，也进一步将因治疗疾病、工伤及长寿等因素带来的支出上升风险纳入了保障范围。（3）社会保险作为一种更加制度化的保障机制，更具有事前主动防贫而非事后被动救贫的性质，根本目的在于解除社会成员的后顾之忧，因此在稳定社会成员的预期、减轻他们面对潜在风险的恐慌心理方面发挥的作用远远大于临时性的救济政策。

当然，现代社会保障制度在其建立的初期，也还存在一些比较明显的缺陷和不足。

第一，最突出的一点就是，从资本家和统治阶级的角度来

讲，并没有真正将社会保险视为工人应该享有的一项基本权利，社会救济仍然带有一定的惩罚性和限制性，因此，那些积极参与工人运动的工人，往往被以莫须有的名义排除在社会保险制度之外。推进社会保障制度建设的立足点和出发点仍然是维护统治阶级自身的根本利益，稳定政权、强化社会控制和促进劳动力的生产与再生产。正如有专家所指出的，"历史上，左派的部分先见总是被右派保守主义者拿来使用，并借此阻止左派上台"。此外，社会保险制度在德国而非最发达的英国率先建立，也在一定程度上说明了这一点。由于德国刚刚统一，阶级关系比较复杂，社会保险被其视为协调各利益集团矛盾和维护社会稳定的重要手段。相比之下，英国阶级关系不像德国那样复杂，社会主义运动也不像德国那样猛烈，用社会保险制度来调和阶级矛盾、整合集团利益的需要不是那么迫切。"俾斯麦德国的社会保险法体现的不是劳动者的权利，而是统治者的威权，所以与福利相距甚远"。如果进一步从思想文化上来分析，社会保障权利之所以没有真正确立，也与当时的社会主流思潮有一定关系。这一时期居主导地位的是社会达尔文主义思潮，社会达尔文主义的基础是生物学的进化论，它主张每个人必须对自己的生活状况负责。一个人地位尊贵就证明他的人格高尚；一个人地位低下则是他咎由自取。因此，穷人、精神病患者、残疾人士都被看作属于"依赖阶级"，他们的问题被看成是由个人缺陷造成的。

第二，社会保险项目和覆盖面有限。在19、20世纪之交，12个国家建立了工伤保险，覆盖大约20%的就业人口；7个国家开始实行疾病保险，覆盖大约17%的就业人口，实行强制性养老保险制度的只有德国，还没有一个国家实行失业保险制度。

第三，社会保险的保障水平低，申领条件苛刻。由于工人工资水平较低，在维持当期基本生活需要之外"余钱"不多，因此，尽管雇主和政府也给予了相应的配套和补贴，社会保险的筹资水平和保障水平还是比较低。如德国的社会保险只对周工资少于40马克的体力劳动者适用，规定领取养老金的年龄高达70岁，当时每6个劳动者中只有1个人有望活到70岁的退休年龄，且当时养老金水平也带有社会救济的性质。

2. 现代社会保障制度的发展阶段

现代社会保障制度建立之后，受到生产力水平进一步提高、民主进程推进、社会结构变化以及示范效应等的影响，不断发展变化。20世纪上半叶可以说是现代社会保障制度的发展阶段，主要进展体现在以下几方面：

一是社会保障逐步成为社会成员的一项基本权利。职工参加社会保险以及符合条件的公民接受救济，逐步被确立为一种基本权利。工人参加社会保险的一些限制条件被逐步取消，接受救济也不用再像济贫法时期那样以失去人身自由和被剥夺政治权利为代价，而是能够保持必要的尊严。1929年，英国地方政府和教会负责《济贫法》救济的机构、济贫院监护人委员会相继取消，实行了300余年的以惩罚性救济为特色的济贫法政策被现代救济政策取代。1935年美国通过的《社会保障法》明确规定，要为接受救济者保密，即取消贫民名单，必须以非限制性的货币形式支付受救济者，必须允许申请救济和接受救济的人到州属机构申诉。公民社会保障权利的逐步确立，一方面是因为工人阶级力量的壮大、民主化进程的推进特别是普选制的推行，为社会保障制度的发展提供了政治推动力。普选制赋予人民政治上的公民权，政治上的公民权则成为人民争取经济和社会公民权的工具。[①]另一方面是因为社会主流思潮对于贫困观念的转变为社会保障制度的发展扫清了意识形态障碍。进入20世纪，在生物学中的进化论让位于细菌理论的同时，社会达尔文主义也被新自由主义（new-liberalism）和费边社会主义所取代。费边社会主义主张，摆脱贫困过上具有人的尊严的生活是每个人的权利，政府有责任和义务保证每个国民的最低生活标准。新自由主义指出，正如生物学的细菌理论所表明的一个人受感染得病的原因往往并不在于他自身一样，个人面临的贫困问题也许并不是由他自身造成的，广泛存在的贫困是财富分配不公正的结果，一个人的失业、一个企业的倒闭与一个国家的萧条之间存在着密切的关系。1903年，查尔斯·布斯的划时代巨著《伦敦人的生活与劳动》出版，为新自由主义提供了实证支持。书中证明，大部分劳动者不论勤奋与否，都会在生命的旅程中经历贫困的威胁，造成贫困的主要原因并非个人的行为，而是社会经济结构本身的问题，比如单个企业生产的有组织性同整个社会生产的无政府状态之间的矛盾，人们在生产资料占有、受教育机会等方面的起点不平等等等，所

[①] 王绍光：《现代国家制度中的再分配机制》，载《视界》（第10辑）。

以政府需要通过各种措施来促进就业，实施家庭补助，提供养老保障。

二是社会保障制度在覆盖面、保障水平等方面逐步提高，保障项目逐步增加。到 20 世纪 30 年代，主要资本主义国家已经普遍建立起了包括养老、医疗、工伤、失业等在内的项目比较齐全的社会保险制度体系。社会保险的覆盖面、保障水平也有了比较明显的提高。比如，英国在 1920 年修改《失业保险法》，失业保险制度覆盖由最初的 7 个行业扩大到大多数行业，1925 年放宽了老年人领取养老金的年龄条件（由 70 岁调低到 65 岁）。德国 1924 年将残疾保险的子女津贴费由 2 马克提高到 10 马克，并对医疗保险的投保人家属提供全面医疗。1925 年将家庭手工业的雇员纳入养老保险制度覆盖范围，养老金水平由第一次世界大战前的年均 80 马克提高到 1929 年的 400—700 马克。瑞典在 1931 年将医疗保险的保障内容从仅仅提供疾病津贴扩大到提供医疗服务。这一时期，作为第一个社会主义国家的苏联，更是在社会保障制度建设方面迈出了巨大步伐，建立了以公有制为基础的国家保障型体制，职工不承担任何责任和费用，所有费用均由国家和企业承担，全苏集体农庄按总收入的 6% 上缴社会保险费，不足部分由国家补助，支出项目与国家企事业单位相同。

三是现代商业保险等市场化保障机制有了较大发展。市场化保障机制的发展以美国比较典型。1910 年，美国大约有 1/3 的劳动者参加了由商业保险公司或互助会举办的意外伤害保险。自 1875 年美国运通公司建立第一个企业年金计划后，到 20 世纪 20

年代，美国大约出现了400个职业退休金计划，这些早期退休金计划一般建立于铁路、银行和公用事业领域。1921年，美国大都会寿险公司发出了第一份年金保险合同，结束了保险业寿险产品仅对死亡被保险人理赔的时代，开始经营供养活人的养老保险产品，市场化养老保障机制逐步成为养老保障体系的重要支柱之一。20世纪20年代私营寿险公司的年保费收入超过30亿美元。1929年，美国得克萨斯州贝勒大学医院规定，大学教师只要每人每月预付0.5美元给大学医院，就可以享受每年最多21天的住院服务，这标志着提供住院保险的蓝十字计划的起源。后来又出现了医生协会举办的针对医生服务，特别是外科手术的预付式保险计划——蓝盾计划，现代意义上的民营医疗保险也开始迅速发展。

3. 现代社会保障制度的鼎盛阶段

英国虽然在实行社会保险制度方面落在德国等一些欧洲国家的后面，但凭借时势推动和制度创新，二战后英国却成了新一轮社会保障制度建设浪潮的领头羊。以1948年英国首相艾德礼宣布建设"福利国家"为标志，现代社会保障制度开始迈向鼎盛阶段。此后，其他发达国家纷纷跟进，福利国家建设在20世纪六七十年代达到高潮，发达国家的社会保障制度终于发展成为面向全体社会成员、高福利化、为公民提供一揽子预防性保障的完整体系。瑞典是其中后来居上的"优等生"，由于对公民实行全民性的普遍保障和广泛优厚的公共津贴，被称为"福利国家的橱窗"。"福利国家"的产生和发展，是社会保障制度发展的又一个里程碑。

社会保障制度向福利国家的迈进，是多方面因素共同作用的结果。正如菲利普斯·卡特莱特指出的，一国社会保障的水平，取决于经济发展水平、文明程度、城市化程度以及政权的代表性程度。总体看，第二次世界大战后推动福利国家产生和发展的因素主要有以下几方面：

（1）从经济上看，世界经济的高速增长为社会保障事业的发展和福利国家建设提供了物质保障

从 20 世纪 50 年代到 20 世纪 70 年代中期，是资本主义经济发展的黄金时期。发达资本主义国家经济的年平均增长速度达到 5.3%，远远高于 20 年代和 30 年代年均 2.3% 的经济增长率。德国、法国、意大利的人均 GDP 水平分别从 1950 年的 3 881 美元、5 271 美元、3 502 美元增加到 1975 年的 12 041 美元、13 251 美元和 10 742 美元。在经济高速增长的同时，财政收支占 GDP 的比重明显提高，为社会保障事业的发展提供了必要的财力保障。比如，英国、瑞典、法国和德国财政支出占 GDP 的比重从 1913 年的 12.7%、10.4%、17% 和 14.8% 提高到 1960 年的 32.2%、31%、34.6% 和 32.4%，到 1980 年分别进一步提高到 43%、60.1%、46.1% 和 47.9%。

（2）从治国理念上看，主张国家干预和扩大政府财政支出的凯恩斯主义成为西方发达国家制定经济和社会政策的主要理论依据

凯恩斯主义认为，政府应实行反周期经济政策，熨平经济发展波动。在经济衰退时，应采取措施刺激社会总需求，增加就业，以避免再次发生资本主义经济大危机。由于边际消费倾向递减，通过建立和完善社会保障制度和其他改善收入分配状况的措施来增加低收入群体的收入是刺激需求的有效途径。在凯恩斯理论基础上发展起来的新剑桥学派更是将改善资本主义社会收入分配结构、实行收入均等化作为经济政策的首要目标，对社会保障制度的发展和完善起到了很大的推进作用。

（3）从政治上看，左派政党力量进一步壮大并成为执政党，大大推动了社保制度的发展

社会民主党、工党等左派政党在20世纪初就已经通过议会斗争发挥了较大影响力，第二次世界大战以后，随着工人阶级队伍的逐步壮大，这些左派政党在很多时间里成为西欧国家的执政党，这为他们将其改善工人生存条件和谋求职工福利的主张付诸实施创造了条件。英国的福利国家计划是在工党艾德礼政府执政期间推动实施的；瑞典的高福利模式亦由自1932年以来长期连续执政的社会民主党一手促成；在美国，民主党的约翰逊政府执政时期实行了旨在保障民权和向贫困宣战的"伟大社会"计划，使得1964到1968年间美国的贫困率从18%下降到13%。这一时期，提高福利水平成为选举时各党派争取选民的重要砝码，如英国在20世纪50年代和60年代，提高养老金水平的决定都是在选举当年或前一年颁布实施的。即使右派政党上台后，为了争夺选票通常也不会轻易对左派政党实施的福利计划进行大刀阔斧的削减。比如，尽管美国共和党在20世纪30年代曾试图反对罗

斯福的社会保障法等新政，但是在这些政策付诸实施后，即便后来上台的共和党总统艾森豪威尔也认识到，"若有任何政党试图取消社会保障、失业保险……该党必从美国政治史上消失。固然有一小撮人认为能够如此行动……但其数目微不足道，其人亦蠢笨可笑"。

（4）从社会结构上看，中产阶级的兴起和橄榄型社会结构的形成为福利国家的建设提供了社会组织基础

在西方发达国家，第二次世界大战以后，不仅正规就业劳动力所占比例进一步增加，而且中产阶级逐渐兴起，成为社会的主流，收入分配差距逐步缩小，社会结构由传统的金字塔型演变为橄榄型。据统计，在英国，20 世纪 70 年代末期收入最高的 20% 群体的收入只是最低 20% 群体收入的 3.5 倍；在美国，1956 年白领工作者的数量在工业文明史中第一次超过蓝领工作者；在日本，1955 年中产阶级占总人口的比重就已达到 42%，1975 年进一步提高到 76%；在瑞典，基尼系数从 20 世纪 60 年代的 0.28 下降到 20 世纪 80 年代初的 0.2。在金字塔型社会中，高收入群体、中等收入群体和低收入群体人口数量的比例是一种类似于 1：2：3 的结构（或者 1：2：4，甚至 1：2：8 等），在这种社会结构下，要通过转移高收入群体以及中等收入群体的部分收入来将为数众多的低收入群体的生活水平明显托高，是很困难的。在橄榄型社会中，高收入群体、中等收入群体和低收入群体人口数量的比例演变为类似于 1：2：1 的结构，通过转移高收入群体以及中等收入群体的部分收入来将比例相对较小的低收入群体生活水平托高，无论从经济承受能力还是政治可行性而言，

都要容易得多。因此，橄榄型社会结构的形成降低了福利国家建设的经济成本和政治成本，另一方面，福利国家制度反过来又进一步巩固了这一结构。

（5）从国际环境来看，社会主义和资本主义两种制度之间的竞赛也是推动社会保障制度发展的重要因素

冷战不只是东西方阵营之间进行的军备竞赛，也是一场福利制度竞赛。继苏联之后，东欧、拉美和亚洲一些国家先后建立了社会主义制度，社会主义国家对人民福利的高度保障，对资本主义国家形成了巨大的政治压力，为增强资本主义制度的吸引力，西方国家也实施了一系列的福利计划。

现代社会保障制度进入鼎盛阶段后，越来越明显地呈现出以下几方面特点：

一是保障对象从"就业关联型"发展到"公民关联型"，逐步实现了社会保障的全民覆盖。 与发展阶段相比，社会保障权利更加牢固地被确立为每个居民都应享有的一项基本人权。这一时期，不仅扩大了社会保障制度对城镇手工业者、自由职业者和家庭成员的覆盖，而且是通过社会保险和福利制度的逐步"下乡"，促进了城乡社会保障事业的均衡发展和社会保障体系的全民覆盖。下面我们重点以养老保险制度为例进行分析。发达国家在推进农村养老保险等社会保险制度建设时，有几个比较突出的特征：一是工业化进程和经济发展已经达到较高水平。二是政府对农民参保给予适当补贴，这是为了体现对农民的照顾以及调动其参保积极性。三是通常采用"土地换保障"的方式，也就是享受养老金待遇以交出土地经营权为前提条件。比如，德国农村养

老保险制度是 1957 年建立的，此时德国农业产值仅占 GDP 的 5.7%，农业劳动力占劳动力总量的 13.7%，人均 GDP 超过 8 000 美元。农村养老保险资金来源于农民个人缴费和政府补贴（后者约占 2/3），制度建立时农民每月缴纳保险费 10 马克，1975 年提高到 48 马克。在农村养老保险实施以前，农民由于没有老年保障经常被迫推迟农场的移交，或是留一块土地自己经营，从而使得年轻的接班人要等上很长时间才能接手企业，以至于他们没有充分的时间来发挥其经营能力。建立农村养老保险制度后，德国规定农村养老金的给付要以交出土地经营权为先决条件，这使得农业经营者平均年龄很快下降，也促进了土地流转和农业规模化经营，农业生产率稳步提高。1962 年，法国政府通过法规，对农村老人在退休金之外额外发放脱离农业终身补助金来使他们腾出土地，1963—1975 年，共有近 50 万人腾出 870 万公顷土地。日本在国民年金的基础上，1971 年建立了农民年金基金制度，农民按规定缴费，财政给予补贴，在达到规定年龄并将所耕用的土地经营权转让给农业后继者或第三者后可领取该养老金。通过推进农村社会保险制度的建设以及进一步扩大城镇社会保险制度覆盖范围，发达国家逐步实现了社会保障制度的全民覆盖，到 20 世纪 70 年代中期，西欧 90% 以上的居民都享受到了养老、医疗、伤残等方面的保障，享受失业保障的也占到全部劳动力的 60% 以上。美国享受社会保障津贴的老年人 1950 年只有 16%，1980 年达到 90%。表 1 给出了一些欧洲国家社会保险制度的扩面情况。

表1：一些发达国家社会保险制度覆盖面情况（占劳动力的百分比%）

	养老保险			医疗保险			失业保险	
	1910年	1935年	1975年	1910年	1935年	1975年	1935年	1975年
奥地利	2	36	81	24	49	88	25	65
比利时	29	44	100	12	31	96	23	67
法国	13	36	98	18	36	94	1	65
德国	53	68	86	44	52	72	35	76
意大利	2	38	94	6	22	91	31	52
荷兰	NA	56	100	NA	42	74	16	78
瑞典	NA	NA	100	27	35	100	2	67
挪威	NA	NA	100	NA	56	100	5	82
英国	NA	79	80	NA	82	100	63	73

资料来源：维托·坦齐、卢德格尔·舒克内希特：《20世纪的公共支出》，商务印书馆2005年版。

二是保障项目从"保险＋救济"主导型转变为"保险＋福利"主导型甚至"福利主导型"，形成了从"摇篮"到"坟墓"涵盖每个环节保障需求的社会保障制度体系。在社会保险制度进一步完善的同时，新增了很多福利性质的社会保障项目，保障内容更加全面，社会福利成为社会保障体系的重要组成部分，一些国家还将某些本来属于保险性质的保障项目发展为福利性质的保障项目。与依靠个人、企业和政府多方筹资的社会保险计划以及仅仅针对少数特困群体的社会救济计划不同，社会福利计划通过政府集中更多资金，向所有公民提供同等水平的资金和服务，而不论其生活状况、家庭财产、个人缴税情况。社会救济计划在少数具有盎格鲁—萨克逊传统的国家仍有一定的作用，但是在欧洲大陆和北欧那些比较典型的福利国家中已无足轻重。以德国为例，养老保险制度提供的养老金使老年人的贫困率从 77.6% 下降到 9.3%，而救助金的作用只是将贫困率进一步降低了 0.6 个百分点。因此，这一时期发达国家社会保障制度已经从"保险 + 救济"主导型转变为"保险 + 福利"主导型，一些国家更进一步具有了明显的"福利主导型"色彩。**具体来讲，社会保障项目的进展体现在以下几方面：（1）新增了名目繁多的家庭津贴和大量其他福利性保障项目**，工作时间逐步缩短，带薪休假制度得到普及。在此期间，儿童津贴、残疾津贴、疾病津贴、住房津贴等福利项目纷纷建立并不断扩展。在瑞典，从 1946 年起，所有中小学生实行完全的免费教育，可以获得免费午餐、课本和文具，1947 年的家庭津贴法规定，所有儿童自出生之日起到 16 岁一律享受儿童津贴，1969 年开始对低收入家庭发放房租补贴。因此，瑞典没有真正的穷人，表面上很难看出明显的阶层分化。正如有的专家所指出的："如果就全面性、普遍性或津贴的丰厚而言，北欧福利国家确实已发展到极限了"。其他国家也都大大扩展了社会保障项目，提高了保障水平，如荷兰在 1962 年规定，全体荷兰公民，不论是雇员还是个体从业者，从第三个孩子起一律享受补贴，1980 年进一步规定，从第一个孩子起就可以得到家庭津贴，资金全部来源于政府预算。到 1992 年，荷兰各类福利津贴支出占 GDP 比重总计达到 10.25%，其中残疾津贴为 4.64%，疾病津贴为 2.92%，挪威各类福利津贴占 GDP 的比重达到 9.63%。**（2）在医疗保障方面**，一些实行医疗保险的国家将其转变为福利性质的免费医疗制度，英国于二战后在西方国家中首先推行免费医疗，通过一般税收的方式为医疗保障筹资，《国民健康服务法》

规定，除本法令明文规定的某些项目需要收费外，所有医疗服务项目一律实行免费。此后，挪威、爱尔兰、瑞典、芬兰、丹麦、意大利、葡萄牙、西班牙等国家纷纷效仿英国的做法，推行免费医疗制度。很多继续实行医疗保险制度的国家，也都大大提高了医疗保障的水平，并通过对困难群体参加医疗保险给予补助的方式逐步将医疗保险制度的覆盖范围扩展到全体居民。（3）**在养老保障方面**，一般税收筹资的福利性养老金在一些国家如丹麦、瑞典、挪威等成为居民退休后的重要收入来源。福利养老金不以缴费为前提，养老金水平也不与个人收入挂钩，所有达到规定年龄的老年公民（甚至侨民）都可以享受。比如，瑞典规定的福利养老金领取条件是 65 岁以上且在该国居住满 3 年的本国公民和外国侨民。瑞典的福利养老金水平 1960 年为 4 200 克朗，1970 年为 6 000 克朗，1979 年为 13 100 克朗。丹麦的福利养老金水平相当于退休前毛收入的 40% 以上和纯收入的 60% 以上。这些国家在福利养老金之外虽然也有强制性的缴费性养老保险制度作为第二支柱，但是在有的国家发挥的作用比较有限，如丹麦法定的收入关联养老保险制度的缴费率平均只相当于工资的 1% 左右，提供的养老金水平不足福利养老金水平的 1/10。因此，像丹麦和瑞典等国这样具有较高福利养老金水平、医疗保障实行免费医疗政策以及拥有名目繁多的其他福利项目的国家，可以说比其他发达国家更进一步，已经具有比较明显的"福利主导型"特征。

三是政府角色完成了从"守夜型政府"到"民生型政府"的转变，社会保障支出成为政府财政支出的最主要组成部分。在早期自由资本主义时期，社会奉行"适者生存"法则，关于政府执政的主流理念是"管的最少的政府就是最好的政府",为充分发挥个体自由竞争的能力,国家在社会生活中只是扮演"守夜人"角色,通过军队警察等暴力机器维护国家安全和社会稳定,保护公民个人的生命安全和财产权利。随着资本主义的进一步发展,国家对公民基本生活的保障以及对宏观经济运行的调控等职能日益受到重视,政府不再仅仅是无为而治的守夜人,而是开始在保障民生方面承担起越来越多的责任。这一转变趋势虽然在 20 世纪上半叶甚至更早些时候即开始显现,但是真正完成"守夜型政府"向"民生型政府"的转变却是以"福利国家"的建成为标志。突出表现就是社会保障支出飞速增长,占 GDP 的比重不断提高,并逐步成为最主要的财政支出项目甚至占到整个财政支出的半壁江山。以 1960 年到 1975 年间公共养老金支出增长为例,德国增长了 6.1 倍,英国增长了 8.9 倍,比利时增长了 9.6 倍,瑞典增长了 12.4 倍,法国增长了 18.5 倍。再从社会保障等福利支出占 GDP 的比例看,澳大利亚从 1960 年的 7.4% 上升到 1980 年的 12.8%,日本从 4.1% 上升到 12.9%,瑞典从 10.8% 上升到 25.9%,瑞士从 4.9% 上升到 14.5%。到 1980 年,社会保障和卫生支出占财政支出的比重在瑞典达到 56.4%,在法国达到 57.5%,在荷兰为 54.2%,在英国为 47.6%。如果加上教育支出的话,所占比重在瑞典、法国、荷兰、英国更是分别高达 71.4%、68.3%、67.8% 和 60.6%。可以说民生财政的特征非常突出。美国社会保障支出快速增长的趋势也非常明显,卫生和社会保障等福利支出占财政支出的比重从 1965 年的 24% 提高到 1975 年的 42%,同期国防支出占财政支出则从 43% 下降到

26%（进入 21 世纪，福利支出占联邦财政支出的比重更是达到60%）。可以说，在社会保障发展到福利国家阶段后，政府已不仅仅是走到前台直接承担保障责任，而且在很大程度上替代了其他的保障机制，甚至全面接管了各方面的保障职能。典型的例子是瑞典，瑞典在实行社会救济时，每个人都被看作独立的个体，个人是否应该接受救助与家庭其他成员经济状况无关。

四是各国社会保障制度的演进过程在遵循基本共性的同时，也体现出了更多的具体个性，社会保障模式更加多样化。在济贫法时期和现代社会保障制度建立阶段，由于社会保障体系内容相对比较单一，因此各国的社会保障模式差别不是很大。随着现代社会保障制度进入成熟阶段，社会保障项目越来越多，社会保障体系日益丰富，不同发达国家在遵循社会保障发展基本规律的同时，也在社会保障制度模式的具体选择上出现了明显的分野。对发达国家的社会保障模式，并没有统一的划分标准。有的专家如艾斯平—安德森将其概括为"自由主义"模式、"保守主义"模式和"社会民主主义"模式三种类型；也有的专家如卡斯尔斯和米切尔将其分为四类；还有人认为，以上两种分类都是以欧美为中心的分类模式，忽视了东亚国家社会保障模式的特殊性，发达国家社会保障模式至少应包括五类甚至更多。其实，在不同的模式划分背后，所依据的基本评判标准应该说没有什么太大差别，这一基本评判标准就是：各种保障机制特别是政府和市场这两个最重要的机制在提供基本生活保障方面是如何定位的，各自的边界在哪里，政府机制和市场机制到底是谁补充谁，国家和个人在社会保障体系中应当分别承担什么样的责任。**天平的一端是，政**

府提供的保障只是对家庭保障机制、慈善保障机制和市场保障机制的一种补救，只有在其他机制失灵时政府机制才会发挥作用。**天平的另一端是**，政府俨然以慈父的面孔出现，每个社会成员似乎都是没有长大的孩子，短视、缺乏理性和判断力，因而觉得有义务安排好他们当前和长远生活的方方面面。现实社会中不同的社会保障模式，实际上就是这两极之间的不同程度的混合体。

美国、加拿大、澳大利亚等一些具有盎格鲁—萨克逊传统的国家，社会保障模式更接近右端，他们"福利＋保险"主导型的特征没有欧洲国家那么突出，更不像有的北欧国家那样趋于"福利主导型"，社会福利项目少一些，社会保险制度提供的保障水平也较低一些，而各类社会救济在社会保障体系中的作用更高些。如美国就没有建立覆盖全民的医疗保障制度，而是针对贫困群体提供医疗救助，以及针对缺乏劳动能力的老年人、残疾人、盲人实行补充保障收入计划（SSI），针对其他贫困家庭实行临时救助计划（TANF）、食品券计划等。澳大利亚在这一时期也没有建立全民养老保障制度，只是通过社会救济制度对收入低于一定水平的老年人发放救济性养老金。我们以如下几个数据的对比为例，可以更好地理解这种模式方面的差异：（1）**从公共养老金制度净替代率看**，在爱尔兰、加拿大、澳大利亚、美国这些盎格鲁—萨克逊国家，收入相当于平均收入 2 倍的职工的公共养老金净替代率分别只有 23.5%、24%、30.8%、40.8% 和 43.2%，而希腊、卢森堡、匈牙利等国超过 90%，意大利、瑞典、波兰、芬兰等也都超过 70%。也就是说，前一类国家政府承担的保障职能要明显低于后一类国家。（2）**从私营养老金规模也就是市场机**

制发挥的作用看，盎格鲁—萨克逊国家由于政府提供的保障水平相对有限，市场保障机制得到较快发展，私营养老金基金的资产占GDP的比重在美国、英国、澳大利亚、爱尔兰、加拿大分别为99%、70%、58%、53%和50%，而在卢森堡、意大利、匈牙利、芬兰、瑞典分别只有0.4%、2.8%、8.5%、8.3%和14.5%，希腊则是忽略不计。在美国，典型企业支付的法定社会保险费占工资的比重仅为11%左右，而用于为职工建立补充保险和购买商业保险等附加福利的支出占工资的12%左右；而在欧洲，原欧共体国家的企业平均将工资的24%用于支付社会保险费，而用于附加福利的仅有工资的5%，有的国家甚至低达2%。也就是说，前一类国家市场保障机制发挥的作用要远远大于后一类国家。（3）**从社会保障支出总量看**，盎格鲁—萨克逊国家社会保障支出占GDP的比重与其他发达国家相比明显偏低，1980年，美国社会保障支出占GDP的比重是13.3%，澳大利亚是11.3%，加拿大是14.3%，而瑞典则高达28.8%，丹麦是29%，德国也有23%。美国、加拿大和澳大利亚公共养老金支出占国内生产总值的比重分别为5.2%、3.1%和3.2%，而在瑞典、德国、意大利和法国分别为7.8%、10.0%、7.4%和7.7%。（4）**从社会保障支出结构看**，社会救助支出在前一类国家占有相对较高的比例，美国社会保障支出中社会救济支出占40%左右，英国为1/3左右，加拿大为20%左右，而欧洲大陆国家则普遍较低，一般只有5%左右。（5）**从福利政策的实施后果看**，由于保障项目较完善，保障水平较高，欧洲国家特别是北欧国家的社会保障等福利政策在消除贫困和改善收入分配格局方面的效果要明显优于美国等盎格鲁—萨

克逊国家。比如，直到 2000 年，美国 0—18 岁的儿童仍有 21.9%
生活在贫困线以下，澳大利亚、加拿大、英国、新西兰生活在贫
困线以下的儿童分别有 14.7%、14.9%、15.4% 和 16.3%，也都是
比较高的。丹麦、芬兰、挪威、瑞典等北欧国家的这一比例分别
只有 2.4%、2.8%、3.4% 和 4.2%，法国为 7.5%，德国为 10.2%。

最后再补充说明两点：

其一，发达资本主义国家进入福利国家的这一时期，也是
苏联东欧等社会主义阵营国家在社会保障制度建设方面高歌猛进
的时期。正如前面所提到的，发达资本主义国家推进福利制度建
设的重要原因之一，就是要和社会主义国家福利制度进行竞争。
与发达资本主义国家相比，苏联东欧等社会主义国家在向公民提
供福利的项目和范围方面可以说是有过之而无不及，唯一缺乏的
可能是发达资本主义国家建立的失业保险制度，替而代之的是每
个劳动者都享有"铁饭碗"的就业保障。如果说北欧国家的社会
保障制度是一种版本的"福利主导型"模式，那么苏联东欧国家
的社会保障制度则是另一种版本的"福利主导型"。它们之间存在
的一个重要区别是，苏联东欧国家由于是以国有制为主导，因此
提供福利和实现收入公平很大程度上是直接内化于初次收入分配
过程之中完成的，而非对市场调节机制的再调整，因此对激励机
制和经济效率造成的扭曲要更大些。对苏联东欧国家的社会保障
制度，我曾经做过简要概括："三个一切，一个统一"：国家对工人
丧失劳动能力的一切情况给予保障；保障范围包括一切劳动者及
其家属；一切保障费用由国家和企业承担；各种保障由统一的组织
办理。以住房保障为例，可以比较明显地看出这一区别，虽然资

本主义国家也有住房保障，但这主要体现为对低收入群体的支持，市场仍然是住房供给的主体。社会主义国家则以公房分配的方式排斥了市场发挥作用的空间，国有部门劳动者的住房皆由其就业所在企业和机构免费提供，个人只需支付含有大量补贴的房租。

苏联东欧等社会主义国家之所以在经济发展水平低于发达资本主义国家的背景下建立起更具福利色彩、政府干预程度高得多的社会保障制度，主要原因有两方面。**第一**，在资本主义国家，社会保障制度大多是工人阶级与资本家斗争的产物，而在社会主义国家则更多地出于执政党对共产主义理想的追求。因此，社会保障并不仅仅是规避风险、保护生产和预防贫困的手段，在被赋予了实现收入均等化、提高人民生活水平和消除失业等多重使命的同时，还有更崇高的政治使命。**第二**，社会主义国家社会保障制度的设计也是为在工业化进程中推行的赶超战略服务的。在计划经济体制和公有制下，政府只有将满足居民当期基本生活需要之外的剩余全部掌握在手里，才能动员尽可能多的资源来加速资本积累，贯彻既定的工业化发展战略。既然居民手中不掌握任何"余钱"来应对风险，政府自然就应当在为其提供基本生活保障和防范风险方面承担起全部责任。"社会保障制度与就业、工资和生活必需品补贴制度一起，成为政府压抑个人消费、实行极限积累和加速工业化的工具"。

其二，上面对社会保障发展史的分析和回顾没有太多涉及发展中国家的情况，是因为旨在通过对社会保障史的纵向分析来总结和梳理社会保障制度发展的脉络和规律，显然以发达国家为对象才能使这一纵向分析更加典型和具有代表性。从横向看，在

发达国家的社会保障从济贫制度向福利国家迈进的过程中，发展中国家也遵循大致相同的基本规律在程度不同地推进其社会保障体系建设。当然，由于受经济发展水平和城乡二元社会经济结构等因素影响，发展中国家工业化和城市化进程的滞后性决定了它们在社会保障制度建设方面的滞后性，在发达国家社会保障制度已经进入"保险＋福利主导型"阶段时，发展中国家的社会保障制度仍然处于"救济＋保险主导型"阶段，甚至是和发达国家济贫法时期相似的"救济主导型"阶段，普遍存在社会保障制度建设起步较晚、社会保障项目不健全和制度覆盖面相对较小等问题。至于苏联等社会主义阵营国家是一特殊例子，它超越自身的经济发展阶段来推进社会保障制度建设的做法注定不具有长期可持续性。说得极端一些，即使苏联不解体，其带有共产主义和福利性的社会保障制度也难以为继。

当代社会保障时期

从传统社会保障阶段发展到福利国家的过程，也就是社会保障制度体系不断健全乃至膨胀的过程，具体表现为社会保障水平的不断提高、社会保障项目的不断增加、社会保障覆盖范围的不断扩大和政府社会保障责任的不断强化。进入 20 世纪 80 年代以来，发达国家社会保障进入当代社会保障时期，其最突出的特点就是对原有制度进行调整和改革，其基本主线是由扩张转向收缩或是尽量遏制进一步扩张的趋势，重新界定不同主体的责任和不同保障机制的作用。社会保障制度进入调整和改革阶段，主要是受以下几方面因素的推动：

1. 经济因素

福利制度的刚性与经济的周期性之间本来就存在矛盾，20世纪 70 年代的"滞胀"大大削弱了社会保障体系的物质基础，冷战后经济全球化的不断推进也将各国社会保障制度置于国际竞争大环境中，成为最近 30 年来社会保障改革的最主要动因。20世纪 70 年代中后期，发达资本主义国家因两次石油危机而出现滞胀，经济陷入衰退，财政状况恶化。1974—2000 年间，西欧国家人均 GDP 增长率仅为 1.3%，远远低于 1950—1973 年间 4.1%的增长率。与此同时，不断攀升的失业率和提前退休现象的增加反而造成社会保障支出更加快速的增加，国家财政和社会不堪重负。据统计，由于需要不断发行公债弥补财政赤字，主要工业国家中央政府利息支出占 GDP 的比重从 1970 年的 1.4% 上升到 1980 年的 3.1% 和 1995 年的 4.5%。此外，在经济全球化迅速推进的背景下，企业竞争的平台已经从本国市场转变为国际市场，社会保障制度也被置于全球竞争的大环境中，企业直接或间接承担的社会保障税（费）成为影响企业成本的一项重要因素，一些社会保障税（费）负担较重国家的企业在国际竞争中面临着较大压力，如瑞典作为福利制度最优厚的国家之一，按购买力平价计算的人均 GDP 在 OECD 国家中的排名从 1970 年的第 4 位下降到 1990 年的第 9 位和 1995 年的第 16 位。瑞典失业率也从 1980年以前的 2%—3% 攀升到 1994 年的 13%。

2. 社会因素

社会保障制度的一味扩张，造成了家庭功能的过度社会化，这不利于家庭这一社会基本单元的稳定与和谐，进而会对社会和谐带来负面影响。过度福利还引起道德问题，造成了福利欺诈和福利依赖，泡病号现象突出。在瑞典，由于疾病津贴替代率高达90%—100%，每人因病请假的天数从1955年的14天增加到1989年的26天。在荷兰，因为福利较高，领取残疾救济金者、完全失业者、病休工人和提前退休者等闲散人口占适龄劳动人口的比例已经达到近40%。在英国，调查表明270万病残救济对象中有近200万不应该享受病残津贴等福利，只有70万左右是真正严重的病残者。对于低技术的劳动力或处于贫困边缘的劳动者，由于其就业所得并未明显高于失业救济和其他补贴，福利制度滋生了比较普遍的"养懒汉"现象，一项调查显示，有一半左右的失业者不去认真寻找工作，也根本不需要寻找工作。20世纪60年代联邦德国总理、被誉为二战后德国"经济复兴之父"及"社会市场经济之父"的艾哈德曾讲过，如果社会政策的目的在于使每一个人从一出生就得到全部保障，绝对没有任何风险，那么我们就不可能指望他们的精力、才干、创业精神和其他优秀品质得到充分发挥，而这些品质对民族的生存和未来至关重要，而且还为基于创业精神的市场经济提供了先决条件。福利国家的过度发展恰恰在一定程度上违反了这一原则，削弱了个人的工作积极性和创业精神。

3. 人口因素

　　二战以后，发达国家普遍完成了在工业革命以后开始的人

口结构转型，即人口增长模式从高生育率、高死亡率阶段，到高
生育率、低死亡率阶段，再到低生育率和低死亡率阶段，人口老
龄化进程启动并加速。社会抚养一个老人的成本要明显高于培
育一个孩子的费用。以美国为例，一个孩子消耗的社会资源比
成人少28%，而一个老人则比工作的成人多消耗27%的社会资
源。OECD国家65岁以上人口所占比重从1960年的9.4%上升
到1990年的13%，同期赡养率从7.5下降到5.0，预计2040年
下降到2.5。在德国，由于人口预期寿命延长，退休人口领取养
老金的年限明显增加，1960年男性领取养老金的年限为9.5年，
女性为10年，到1996年分别增加到14年和18年。领取养老金
年限的延长，也带来了养老保险费用的增长。

4. 管理因素

在社会保障体系不断扩张的同时，负责管理各项社会保障
业务的机构规模也在迅速扩张，日趋臃肿，社会保障体系的管
理普遍缺乏效率。意大利罗马市政府救济机构把它预算费用的
60%花在行政管理上，威尼斯救济机构的行政管理费用占救济
预算的55%。在德国，根据审计法院的调查，负责收容和救济
失业人员的联邦就业局存在严重的内部管理问题，弄虚作假的再
就业者有的地方竟达到70%。美国奥巴马政府最近大力推动医
改，除了要实现医疗保障制度的全民覆盖外，另一个重要原因就
是控制不断迅速上升的医疗保险制度运行成本。据统计，美国商

业医疗保险公司支出的大约 1/4 花在了行政管理成本上，2000 年到 2005 年间，医疗保险管理成本的增速年均 12%，比卫生总费用的增速高 3.4 个百分点。

5. 理念因素

20 世纪 70 年代以来，以芝加哥学派等为代表的新自由主义开始走红。新自由主义针对福利国家的弊端，强调个人、家庭责任和市场功能，主张减少社会福利，倡导社会保障领域内的竞争。主张政府只应向社会上无自助能力的群体提供社会保障，而其他群体则应通过市场渠道或依靠家庭来满足自身的保障需要。中间道路学派则试图融合传统的社会民主主义与新自由主义，认为福利既是每个人的权利，同时个人也要尽义务，"不承担责任就没有权利"，寻求"权利与义务"、"权利与职责"的平衡。中间道路学派主张把社会福利国家改造为社会投资国家，变社会福利政策为社会投资政策，变"授人以鱼"为"授人以渔"，通过在经济、教育、培训等领域的政府投资和个人投资，建立一种使福利可以维护，但享受者具有相应责任与风险的"积极福利"政策，提高接受福利者进入市场的能力，帮助他们适应就业，以防一些人滥用福利。

在上述因素的综合作用下，现代社会保障制度进入改革与调整时期。这一时期，很多国家的政府一方面采取一些开源节流措施以应对短期危机，另一方面更重要的是开始对社会保障制度进行结构性的改革和调整。在开源节流方面，如英国从 1982 年、美国从 1984 年开始对收入超过一定标准的养老金领取者征收所得税，将其并入保险基金；法国 1998 年将职工医疗保险税的税基从工资扩展到所有的劳动收入、资本收入、博彩收入以及退休金和其他社会福利津贴；英国将原来按照缴费人一生最佳 20 年平均工资收入计算年金改为按一生的平均工资计算；日本 1986 年将妇女的退休年龄从 55 岁提高到 60 岁；德国从 1992 年开始将养老金的指数挂钩对象由毛收入缩小为净收入，且每提前退休一个月，退休金多减少 0.3%；即使是瑞典，1993 年也对有子女和没子女的失业者的失业津贴分别减少 1% 和 3%，对没有缴费记录者的失业补助时间也缩短到 1 年，等等。

在社会保障制度的结构性改革方面，各国对不同的社会保障项目采取了很多措施，但本质上都是针对个人、市场、社会的保障职能过度向政府集中的问题而进行的纠偏，是对政府、市场、社会、个人各自保障职能的重新定位和调整。一方面通过适当强化个人责任，将国家政府包揽过多的社会保障责任还给个人一部分。另一方面通过引入竞争机制和变"政府主办"为"政府主管"等措施，更多地发挥市场化保障机制及非营利组织等社会力量在社会保障制度建设中的作用。此外，在提高政府自身社会保障管理效率方面也进行了积极探索。

适当强化个人责任。科尔奈指出，福利国家的改革应该在首先确立个人自主性和责任感的新文化基础上进行。在这方面，主要做法有：（1）**养老保险制度中引入个人账户。**20 世纪 90 年代中期以来，以瑞典为代表，包括意大利、波兰、捷克、拉脱维亚、吉尔吉斯斯坦和蒙古等国家，都建立了以名义个人账户为主要特征的养老保险制度。瑞典名义个人账户的缴费率为工资的 16%，此外还有缴费率为 2.5% 的积累制个人账户。养老金水平根据个人账户中记录的缴费数额、回报率、退休后平均预期寿命、工资增长率、人口和劳动力增长率，以及养老保险制度抚养比等因素进行精算后确定。个人账户实际上是一种强制性的个人储蓄计划，它密切了参保者个人缴费与退休后待遇享受之间的关系，减少了对劳动力市场的扭曲，同时也建立了社会保障制度在面临人口老龄化和 GDP 增速放慢等不利因素冲击时的风险分担机制。（2）**健全医疗保障制度中的费用分担机制**。为增强个人在控制医疗支出方面的责任，避免过度消费医疗服务的问题，20 世纪 80 年代以来，奥地利、比利时、法国、芬兰、德国、意大利、瑞典等很多国家都适当增加了患者自付费用的比例或标准，这主要是针对药品费用，有些药品则被剔除出报销目录。瑞典、意大利、法国等国家，还增加了患者负担的门诊和住院医疗服务费用的比例或标准。此外，英国等国家还对有不利于健康的不良嗜好的人加收医疗保险税，强化他们自身的责任以促使他们戒除不良嗜好，控制医药费开支。（3）**变消极福利为积极福利，鼓励个人通过就业实现自我保障**。从 2005 年起，德国政府规定社会救济金尽可能只发给丧失劳动能力的人，其他原来领取社会救济的人员被归入失业行列，领取失业救济。失业者必须接受劳工局介绍的工作，否则每月减少 100 欧元的失业金。日本规定，失业者只要在给付期还剩一半以上的时间内找到可持续一年以上的工作，便可领取 30—120 天的失业保险给付作为就业补助。美国在

1996 年废除了未成年子女家庭补助（AFDC）制度，代之以贫困家庭临时救助（TANF）计划，TANF 将领受期限限定为 60 个月，使救助从 AFDC 下的无限制终身福利转变为一种有限期的临时福利；规定大多数体格健全的成年人在享受福利两年后开始工作；只有在生育行为、就业行为和子女养育行为等三个方面没有不良记录的家庭才有资格获得补助。1998 年，英国推出变救济为就业计划，取消失业津贴，旨在鼓励 25 万年轻失业者就业。对这些年轻的失业者而言，政府提供了 4 种选择：一是政府对其每周补助 60 英镑，帮助其维持一份工作，时间不少于 6 个月；二是在福利机构或新成立的环保部门就业以得到救济金和额外补贴；三是在志愿组织工作接受长达 1 年的培训和进修；四是向需要全日培训的人提供全日培训。失业者如果拒绝接受以上所有安排，那么他能够得到的救济额将被削减 40%。

发挥市场化保障机制及非营利组织等社会力量的作用。社会保障应当由政府来主导，但是政府主导并不等于政府包揽，也不意味着一定直接由政府主办。这方面的改革措施主要有：（1）**通过协议退出等方式将原由政府经办的社会保障业务部分转移给市场来经办**。这一改革旨在减少政府直接承担提供保障的责任，转而通过间接调控的方式来行使其社会保障职能。英国在养老金改革中，不再强制所有雇员都要参加由政府主办的第二层次收入关联养老金计划，而是可以采取"协议退出（contract-out）"的方式，转而由雇主通过市场机制为雇员提供职业养老金计划，同时雇主要保证"协议退出"计划的成员在职业养老金计划中获得的养老金等于他们能够在 SERPS（政府收入关联养老金）计划中可能获得的最低保证养老金。美国规定，参加老年人医疗保险计划的成员可在自愿的基础上将医疗保险计划外包给私营保险机构负责，私营保险机构提供的服务项目不得少于 CMS 直接管理的医疗保险计划，还可在此基础上增加新的服务项目，CMS 每月将一定数额的资金拨付给私营医疗保险机构。这有利于借助私营机构在医疗成本控制方面的积极性加强对医疗保险计划支出的控制。（2）**发挥竞争机制的作用**。以医疗保障制度为例，既有促进"供方"竞争的例子如英国，也有推动"保方"竞争的做法如德国。1991 年，英国针对传统的国民卫生服务体系效率低下的问题，大力推行医疗服务购买者和提供者分离的"内部市场"制度，将原来给医院的大部分经费转拨给家庭医生，医院的手术和服务明码标价，家庭医生与病人协商选择医院，然后从自己的预算中向医院交付手术费或医疗费，旨在通过竞争机制促使医疗机构改善服务质量和提高运营效率。1993 年，德国决定给予社会成员自由选择疾病基金会的权利，只要在一家疾病基金会的时间超过 18 个月，就有权换一个，通过竞争机制鼓励疾病基金会提高服务质量和服务效率，疾病基金会的数量从 1993 年的 1 221 个下降到 2004 年的 292 个。除德国外，比利时、荷兰、瑞士等国家都实行了保险机构之间竞争的政策。美国奥巴马政府在医改方案中也明确提出，要增强医疗保险业的竞争性，改变目前少数几家大公司主导医疗保险业的局面（其中最大的 2 家公司控制了全国 1/3 的医疗保险市场）。对在一些地区医疗保险市场处于垄断地位的保险公司，政府将强制规定公司将一定比例的保费收入增加用于投保人的保健支出，而非用于行政支出或增加利润。此外，奥巴马政府准备建立全国医疗保险交易中心（NHIE），为居民购买商业医疗保险提供公开、透明的竞争平台。（3）**鼓励非营利组织发挥作用**。近年来，各国政府也越来越重视发挥非营利组织的作用，通过公共部门与民营部门的合作来提供福利，萨拉蒙和安海尔于1994—1997年对欧美八国（英国、法国、美国、德国等）的考察中发现，政府资助占了非营利组织收入的41%。

改革社会保障管理体制，提高管理效率。英国于2002年把负责医疗保障的95个地区卫生局合并为28个，2003年撤销了管理地区卫生局的4个大区卫生管理机构，直接管理28个地区卫生局。2006年，又进一步把28个地区卫生局精简为10个，人员编制由3 300个减少为2 200个。国家卫生服务体系（NHS）的管理费用占卫生总费用的比例由1998—1999年度的4.7%降为2004—2005年度的3.7%。1998年以前，韩国有227个针对个体从业者的医疗保险协会，142个针对企业职工的医疗保险协会，还有1个公务员和教师的医疗保险协会，1998年10月，教师和公务员医疗保险协会与所有的个体从业者医疗保险协会合并，管理成本占医疗保险支出的比重从1999年的8.8%下降到2002年的4%，2003年，企业职工的医疗保险协会又合并进来，管理成本进一步下降。在美国，1977年以前，医疗照顾计划和养老保险计划一样，是由社会保障署负责的，而医疗救助则是由社会事务与康复服务局负责，1977年，美国成立了卫生保健资金管理局（2001年更名为医疗照顾和医疗救助中心）负责统一管理医疗照顾和医疗救助，以加强制度协调，提高管理效率。提高管理效率、降低制度运行成本也是奥巴马医改方案的目标之一，为此采取的一项重要措施就是在今后 5 年每年投资 100 亿美元，推动医疗卫生领域的信息化和电子病历建设。

发达国家的社会保障体制改革取得了一定效果。特别是在改革力度较大的国家，效果更加明显。比如，英国通过改革其养老保险制度，有效控制了未来养老保险费率不断上升的趋势，大大减轻了社会负担，据预测，英国公共养老金支出占 GDP 的比重将从 2000 年的 5.5% 下降到 2040 年的 5%，是欧盟国家中唯一的养老金负担有所减轻的国家。引入养老保险名义个人账户的瑞典和意大利，养老金负担上升幅度在欧洲国家也是比较小的。瑞典从 9% 上升到 11.4%，意大利从 13.8% 上升到 15.7%。而德国同期从 11.8% 上升到 16.6%，荷兰从 7.9% 上升到 14.1%，西班牙从 9.4% 上升到 16%，法国从 12.1% 上升到 15.8%。此外，瑞典通过改革其福利制度也增加了社会成员的工作积极性，每人每年因病缺勤的天数从 1989 年的 24 天下降到 1995 年的 11 天，个人保障意识得到增强，开始承担更多的保障责任，家庭储蓄率从 1990 年的 -2% 提高到 1994 年的 10%。美国 1996 年对 AFDC 制度进行改革以来，单亲母亲的就业率大大提高，极端贫困家庭收入显著改善，福利依赖人口到 2008 年就减少了 57%。

与西方发达国家相比，在社会保障体系建设上一度走福利主导型另一极的原苏联东欧国家，自 20 世纪 90 年代以来，在政治巨变、计划经济向市场经济转轨、所有制结构急剧变化以及经济大幅衰退的背景下，社会保障制度也进行了深刻的改革和调整。苏联东欧国家在计划经济体制下建立起来的社会保障制度，

由于政府包办和过度福利化，造成了国家责任和个人责任的严重不均衡，进而也阻碍了个人积极性和创造性的发挥以及经济的持续增长。因此，超越经济社会发展阶段来搞社会保障制度建设的"大跃进"，即使短期内可行，长期来看也是不可持续的，最终还是要回到社会保障制度发展的内在客观规律上来。应该说，苏联东欧转轨国家比西方发达国家面临着更沉重的社会保障改革压力，不过他们社会保障改革的方向和措施与发达国家在内容上还是有很多相似之处。在养老保障方面，主要做法也是缩小公共养老金的规模，引入个人账户，适当强化个人的保障责任。比如波兰建立了三支柱养老保险制度，第一支柱是强制性的现收现付制，实行名义缴费基准制（NDC），具体运作由社会保险管理机构（ZUS）负责，政府对名义个人账户提供最低担保，其水平是平均工资的28%；第二支柱是强制性的基金制个人账户，由私营养老保险基金管理公司管理；第三支柱则是自愿性的基金制支柱，由私营养老保险基金管理公司或商业保险公司管理。在医疗保障方面，主要是改革原来的全民免费医疗服务制度，建立医疗保险制度。如俄罗斯医疗保险改革是在1997年实施的，在全国各地建立了数量众多的非营利性义务医疗保险基金会。企业按职工工资总额的3.6%缴纳医疗保险费，用于职工医疗保险。此外，适应就业体制改革的需要，建立并完善了失业保险制度。通过改革，政府在社会保障领域责任包揽过多的问题得到有效扭转，原本以福利为主导的社会保障制度被改造为政府、企业、个人共同承担责任的保险制度和适当福利共同主导的社会保障制度，市场化保障机制有了一定发展，多层次社会保障体系初步形成。

　　需要强调的是，由于社会保障改革涉及不同社会群体之间、当代人与后代人之间以及不同部门之间利益格局的调整，通常面临较大阻力，不少国家的改革付出了巨大代价，一些国家的社会保障改革还半路夭折甚至胎死腹中。法国养老金制度20年来的改革，除1993年取得十分有限的成功外，基本上陷入了改革、夭折、再改革、再夭折的循环之中。1995年11月15日阿兰·朱佩政府拟对社会保障体制进行改革，将工资以外的股票、利息、房地产收入、部分资本收益以及保险福利收入都纳入社会保险费基，把公务员以及交通运输、电力煤气、邮政通讯等公共部门职工获得全额退休津贴的缴费年限从37.5年延长到私人部门养老计划的40年，以及增加养老金领取者的医疗保险缴纳比例等。但是却引发了自1968年学生运动以来规模最大、持续时间最长、影响最深刻、同情者最多、损失最重的一次社会运动，持续整整一个月的大罢工和抗议示威震动欧洲大陆，最后迫使政府收回改革计划。2002年拉法兰政府再次提出了相对温和的改革方案，虽然得到希拉克总统的全力支持，但仍然遭到了工会的强烈反对，2003年5月又爆发了持续近一个月的大罢工，几乎所有的航空、客运和铁路陷于瘫痪，造成了重大的经济损失和社会影响。美国哈佛大学政府学院皮尔森教授将法国社会福利制度形象地比喻为"一动不动的东西"，很好地说明了一项制度实行后本身具有的刚性特征。《华尔街日报》载文《巴黎的春天》惊呼，法国的罢工浪潮为美国提供了一个警告："甚至一个最温和的改革努力也要演变成可以摧毁经济的街头政治动乱……对美国提供了这样一个教训，那就是，在陷入这种绝境之前要先进行改革"。

人类社会保障发展的规律及启示

回顾社会保障制度发展和改革的基本历程，可以梳理出"一条主线"，总结出"三大规律"，得到五点启示。

所谓"一条主线"，就是指社会保障制度自产生以来，其发展和演进基本上遵循着"救济主导型"→"救济＋保险主导型"→"保险＋福利主导型"乃至"福利主导型"这一大致脉络进行的，从传统社会保障时期的"救济主导型"保障阶段，发展到现代社会保障建立时期的"保险＋救济主导型"阶段，进而进入现代社会保障成熟期的"福利＋保险主导型"或"福利主导型"阶段。在这一过程中，保障形态日趋高级，保障范围不断扩大，保障项目逐步健全，保障水平不断提高。进入当代社会保障时期，在各种外部因素和内部因素的冲击下，社会保障制度为适应更加复杂的政治、经济、社会环境，保持自身的可持续性而进行了一系列的调整和改革。当然，这并非是对社会保障制度既往发展历程的简单否定，而是一种继承基础上的扬弃。总的来讲，如果我们对人类未来的经济发展和社会进步抱有信心的话，

我们也应当对社会保障制度的远景和长期发展趋势抱有积极乐观的预期，经过调整和改革以后，社会保障制度建设将会迈着更加稳健的步伐向更趋理性的高度发起冲击。

社会保障制度发展的三大规律是：

1. 协调发展规律

经济发展水平与社会结构决定社会保障体系的深度、广度与推进速度，社会保障制度建设与经济发展阶段和社会结构特征相协调是社会保障事业发展的最基本规律。在传统农业社会，作为社会保障主要形式的临时救济只是对土地保障和家庭保障的补充，更高形态的社会保障形式既缺乏可行性，也缺乏迫切性。进入工业社会后，土地和家庭保障职能的弱化及风险的增多和聚集产生了对社会保险制度的现实需求，而经济实力的明显增强和工业化大生产则为社会保险制度体系的建立提供了经济和组织基础。随着生产力的进一步发展、城市化进程的深化和橄榄型社会结构的形成，社会保险制度逐步由正规就业者扩展到其他社会成员，由城市扩大到农村，社会福利制度也开始走上历史舞台并日益成为社会保障体系的重要组成部分，发达国家终于走到保障范围覆盖全民、保障项目"从摇篮到坟墓"的福利国家阶段。正是社会生产力的迅速发展和物质财富的极大丰富，以及社会结构从农业社会向工业社会的转型、从金字塔型社会向橄榄型社会的转型，推动着社会保障制度向更高层次的发展。发展中国家社会保障的相对不发达，也主要是受制于其仍然相对落后的社会生产力发展水平以及城乡二元、金字塔型的社会结构。

2. 刚性发展规律

社会保障制度一旦建立起来，就具有很强的刚性，社会保障水平提高容易而降低很难，社会保障项目增加容易但减少很难，个人责任弱化容易但强化很难。在经济高速增长、蛋糕不断做大的时期，国家可以向公民提供越来越丰厚的福利包，但是经济增长具有周期性和波动性，一旦经济陷入滞胀，由于福利开支难以削减，就会给财政乃至经济运转造成沉重负担。高物价、低增长时期更是难上加难。人口老龄化等一些长期不利因素对社会保障制度更是构成了严重冲击。社会保障制度本身的刚性，是推动社会保障体系不断膨胀的重要因素，也是造成一些国家社会保障制度难以持续因而走上改革之路的主要原因之一。但是，社会保障制度的刚性既意味着社会保障改革的迫切性，也意味着社会保障改革的艰巨性，导致一些国家的社会保障改革步履维艰、收效甚微甚至"出师未捷身先死"。社会保障制度的刚性和经济增长的周期性警示我们，在制定社会保障政策时，既要立足当前，明确和实现近期目标；又要着眼长远，注意中长期发展目标和发展战略的规划，并做好前后衔接。越是在经济快速发展的黄金时代，制定社保政策时越应充分考虑到经济不景气时期社保收不抵支的可能性，做好统筹谋划，才能维护社会保障体系建设和发展

的连续性和整体性，为社会保障制度的长远发展打好基础。

3. 多元发展规律

　　各国社会保障发展道路是共性与个性的统一，在高级化的过程中呈现出多线条和多样化。虽然从总体上讲社会保障制度发展受到经济发展水平的制约，但即使在同样发展水平的国家，保障水平和保障模式也可能存在明显差异。比如，美国、德国、瑞典、日本等同为发达国家，但是社会保障支出占GDP的比重高低相差一倍左右，管理体制和政策取向也各不相同。又如，大多数发达国家主要甚至完全依靠社会医疗保障制度来覆盖全体公民，美国却是商业医疗保险发挥主导作用，奥巴马政府最近力推的"全民医保"也并非用社会医疗保险制度取代商业医疗保险制度，而是在基本保持现有保障格局的基础上，将尚未参加医保的群体纳入社会医疗保险或补助其参加商业医疗保险。还有，同样是实现了医疗保障制度的全民覆盖，德国、日本、法国等国家是通过保险的方式来筹资，而英国、瑞典、意大利、西班牙等国家则是通过一般预算收入来筹资。这说明每一个国家社会保障制度的背后都有其独特的历史背景，治国理念、意识形态、社会结构、文化观念甚至一些偶然性因素都对社会保障制度的形成和发展产生重要影响。脱离这一基本背景泛泛谈论不同的社会保障模式到底孰优孰劣是没有实质意义的。

　　社会保障发展史给我们带来的五点启示是：

启示之一：要高度重视社会保障体系建设对构建和谐社会的重大意义。

社会保障制度对维护社会团结、实现公平正义以及调节宏观经济运行、促进经济发展具有极其重要的意义，社会保障制度发展和完善的过程，就是社会运行趋于和谐的过程。德国社会保险制度的建立，不仅调和了日趋激烈的阶级矛盾、巩固了刚刚形成的普鲁士王国的统一，也为加快工业化进程所需的劳动力再生产创造了更好的条件。大萧条时期，美国罗斯福政府通过健全和完善社会保障制度，既保持了社会稳定，也通过为社会成员提供比较稳定的收入预期拉动了总需求增长，避免了资本主义从危机走向崩溃。在 20 世纪 50 年代以前，西方资本主义国家内部危机重重，对外战争频仍，资本主义制度几近崩溃；而在此以后，发达资本主义国家面临的内部和外部危机明显缓和，政治上比较稳定，阶级矛盾不很突出，相互之间也没有爆发过大的战争，与此同时，生产力持续发展，物质财富极大丰富。尽管推动这一转变的原因是多方面的，但是福利国家的产生和发展肯定是其中的决定性因素之一。

改革开放以来，我国经济实力迅速增强，人民生活不断改善，社会保持总体稳定。但是，经济社会的加速转型也带来了一些比较突出的问题和矛盾，特别是收入分配差距拉大，底层群体未能切实分享到经济发展和改革开放的成果。世界银行在其2007 年发表的一份报告中指出，中国经济在 2001 年至 2005 年间以每年 10% 的速度增长，但 13 亿人口中最贫穷的 10% 的人口实际收入却下降了 2.4%。虽然这些问题和矛盾与西方国家当年面临的问题和矛盾有本质区别，但是如果处理不当，可能会引发大规模群体事件，造成社会分裂，对社会良性运行产生不利影响。因此，处于从传统向现代变革、从封闭社会向开放社会转型、从农业社会向工业社会进而向信息社会过渡时期的中国，亟须建立和完善社会保障体系，通过发挥社会保障制度的再分配作用，化解社会风险，缩小贫富差距，保障人民群众基本生活，以维护公平正义和促进社会和谐。

启示之二：要充分认识社会保障体系建设的复杂性和艰巨性。

社会保障史告诉我们，西方发达国家普遍是在社会保障项目比较健全、社会保障基本覆盖全民、社会保障水平较高后才进入社会保障改革阶段的，也就是说，发达国家社会保障发展和社会保障改革是前后相继的两个独立过程，在推进社会保障改革时，已经基本完成工业化和城市化进程，市场经济体制比较完善，社会保障发展的任务基本完成。苏联东欧转轨国家在20世纪90年代改革其社会保障和福利制度时，也已经基本完成了社会保障发展的任务，保障项目和保障范围与西方发达国家相比有过之而无不及。中国的特殊性在于：首先，发展与改革任务并存。与发达国家和苏联东欧转轨国家相比，以不断扩大社会保障覆盖面、健全社会保障项目、提高社会保障水平为核心的社会保障发展仍是我国社会保障体系建设的一项重要内容。与一般发展中国家相比，从计划经济体制向市场经济体制的全面转型，以及因经济社会迅速发展和计划生育政策等因素而凸显的人口老龄化问题，则使我国面临着更为艰巨的社会保障改革任务。在同一个时点上，我们既要适应工业化和城市化进程而努力做好社会保障发展工作，又要适应市场化和老龄化的要求大力深化社会保障体制改革，发展与改革的双重任务叠加在一起，大大增加了我国社会保障体系建设的复杂性和艰巨性。其次，救济、保险与福利需要同步推进。我们虽然在短期内难以建立起像发达国家那样"福利＋保险主导型"的社会保障制度，但是中国共产党肩负的历史使命，以及社会主义制度内在的对公平正义理念的追求，意味着我们也不能像大多数发展中国家那样止步于"救济＋保险主导型"的社会保障模式，而是要适应中国国情建立起以必要的救济、健全的保险、适度的福利相结合的社会保障制度体系，保障人民群众的基本生活需要。再次，大批农民与土地若即若离的状态也向社会保障制度建设提出了新的挑战。在发达国家社会保障制度建设中，农民进城的过程也就是与土地这一生产要素脱离和土地经营逐步集中的过程，但在我国，由于户籍制度等方面的原因，城市化进程有所滞后于工业化进程，大批农村剩余劳动力进入城市和工业部门后并没有与土地这一基本生产和保障要素完全分离，而是若即若离的状态，土地并没有相应集中，加之交通通讯远比发达国家当年推进工业化的时期发达，因而形成了庞大的"半工半农、半城半乡"的农民工群体，这也为我国社会保障制度建设提出了新的挑战。

启示之三：要准确把握社会保障体系建设中的"保障度"，分清"底线"和"上限"，做到适度而不过度。

社会保障度是一个三维的概念，主要体现在社会保障的水平、社会保障的覆盖范围和社会保障的项目内容。历史经验告诉我们，在给定的经济社会发展水平上，保障水平的高低、保障范围的大小和保障项目的多寡既有一个底线，也有一个上限。如果底线失守，使相当一部分社会成员难以获得与经济社会发展阶段相适应的基本生活保障，必然加剧两极分化，不利于和谐社会建设。因此，我们应当随着生产力的发展而逐步提高保障水平，扩大覆盖范围，健全保障项目，特别是要根据工业化、城市化进程中出现的新情况、新问题，及时对社会保障制度进行调整和完善。比如说，对那些因工业化和城市化进程而失去土地这一基本保障要素的被征地农民，以及虽未完全失去土地但是已经不将其作为生活保障主要依托的农民工而言，就有必要为其健全相关的社会保障政策。如果上限被突破，即脱离经济发展水平和社会结构的现实约束，以拔苗助长的方式推进社会保障制度建设，不仅不能够真正改善社会成员的福利状况和促进社会和谐，反而会带来适得其反的效果。高保障水平必然导致高税（费）率，会大大扭曲经济活动的激励机制，进而带来经济停滞、失业增加和人民生活水平下降的后果。过于理想化地试图通过社会保障等措施建立一个几乎没有任何生存和发展风险的社会，其后果就是消弭人们追求进步的动力，培养人们只求分享不求贡献的惰性。一些西方的发达国家近年来纷纷对其社会保障制度进行改革，苏联东欧国家在计划经济体制时期搞的大锅饭和高福利因超越客观现实承受能力而难以为继，都是这方面的例子。实际上，远在福利国家出现以前，社会保障制度建设中也是存在这种情况的，18世纪末期英国出台的斯品汉姆兰制度就是一个典型。斯品汉姆兰法令善良的愿望产生了相反的后果，正如卡尔·波兰尼指出的，它有效地防止了具有竞争性的劳动力市场的建立……不折不扣地造成了普遍的道德退化……它不仅给逃避工作与假装匮乏以奖励，而且在人们努力逃脱赤贫化命运的节骨眼上增加了赤贫化对人的吸引力。这一趋势直到 1834 年通过的新《济贫法》才被扭转过来，新《济贫法》的颁布甚至被普遍当作现代资本主义的起点，尽管它对济贫施加了严苛得多的限制。

启示之四：要妥善处理社会保障体系建设的三个"三角关系"。

从社会保障制度的发展过程中，我们可以提炼出三个比较核心的"三角关系"，即三种保障形态——救济、保险和福利，三大保障机制——政府、市场、慈善，以及三大保障主体——国家、单位、个人。救济、保险、福利三种保障状态如何进行组合，政府、市场、慈善三大保障机制职能如何定位，国家、单位、个人三大保障主体的责任如何界定，构成了分析现代社会保障制度的基本三维坐标体系，是衡量一国社会保障价值取向、社会保障事业发展水平和社会保障制度可持续性的重要标尺。在社会保障体系建设中，**一是应根据经济社会的客观条件实现救济、保险和福利的最优组合**。在农业经济占主导地位的社会，只能是在土地保障和家庭保障之外辅以必要的临时救济。只有随着工业社会的发展和生产力水平的提高，越来越多的人实现正规就业且在满足当期支付需要之外还有一定"余钱"的前提下，社会保险制度的建立才具备可行性。只有在经济和社会进一步发展，中产阶级成为社会主流的橄榄型社会结构形成后，社会福利制度的广泛实施和福利国家的建立才成为可能。我们在前面曾经提到，中国社会保障制度需要同步推进救济、保险和福利建设，但是一定要结合各自的特点妥善确定每一种保障形态的定位，实现三种保障形态的最优组合。**二是应合理划分政府、市场和慈善三大机制各自的职能**。发展到今天，政府机制已经成为现代社会保障体系中居主导地位的保障机制，但是，市场机制和慈善机制在提供基本生活保障方面也都发挥着重要作用。每种保障机制既有自己的长处，也有自己的缺陷。一些发达国家社会保障制度之所以出现严峻的财务危机，一个重要原因就是政府保障机制"一头独大"，压抑了市场机制和慈善机制发挥作用的空间。实际上，只有充分发挥各种保障机制的作用，加强三方合作，特别是合理界定政府和市场在社会保障领域的责任，建立起多层次的社会保障体系，才能确保社会保障体系高效运转，最有效地为广大人民群众提供生活和医疗保障。**三是应妥善界定国家、单位、个人（和家庭）三大主体在社会保障体系中的责任、权利和义务**。社会保障制度发展的过程也就是保障责任不断社会化的过程，原来由个人和家庭承担的基本生活保障责任越来越多地被转移到国家和所在单位的身上。但是，一定要准确把握好责任转移的"度"，避免个人（和家庭）保障责任的过度社会化，以及一味强调个人应享有的社会保障权利而忽视其应当承担的社会保障义务。特别是在具有儒家文化传统的东方国家，发挥政府保障作用的同时，也要对家庭保障的作用给予重视和支持。

启示之五：要协调推进四项改革，为社会保障事业发展提供良好的制度保障。

正确把握和妥善处理好以上所说的三个"三角关系"，是选择和确立合理的社会保障制度模式的基础。要确保合理的社会保障制度模式能够付诸实施并高效运行，相关的配套改革措施也是不可缺少的。第一，要充分认识到经济社会发展阶段对社会保障制度建设的现实制约，通过加快二元社会转型和深化收入分配制度改革，为社会保障事业发展奠定社会结构基础。社会保障事业发展虽然能够反作用于经济社会发展，但本质上却是由所处的经济社会发展阶段决定的。从根本上讲，有什么样的经济社会发展阶段和社会结构，就有什么样的社会保障发展水平。实现党的十七大提出的社会保障体系覆盖城乡居民的战略目标，要以进一步优化社会结构为基础。因此，我们必须继续坚持改革开放，大力推进工业化和城市化，加快农村劳动力转移步伐，努力改造传统的小农经济生产方式，发展现代化大农业生产，改革完善户籍管理制度，逐步将城乡分割的二元社会改造为城乡统一的一元社会。同时，还要深化收入分配制度改革，提高低收入群体在国民总收入中的比重，推动金字塔型社会向橄榄型社会的转型。在一次分配严重不公平的情况下，仅仅寄希望于通过社会保障等制度的二次分配来实现比较理想的收入分配格局是很困难的，甚至是不现实的。日本在发达资本主义世界中是收入分配最平等的国家之一，但是日本的社会保障支出占 GDP 的比重远低于一些欧洲国家，1980 年为 10.2%，这是因为日本政府通过一系列政策措施大大改善了一次分配。因此，在不断健全社会保障体系为一次分配格局进行必要纠偏的同时，也要对一次分配格局本身予以改革和完善，以避免社会保障制度承担过大的压力。第二，要充分认识到为全民提供基本社会保障制度是公共财政的一项核心职责，通过进一步深化公共财政体制改革，为社会保障事业发展提供财力保障。作为一名财政工作者，对社会保障发展史的考察让笔者深刻认识到，社会保障制度的成长历程特别是福利国家的产生和发展，与财政制度的改革发展特别是公共财政体制的确立是相辅相成、密不可分的。将基本社会保障制度作为公共产品向全民提供，是经济社会发展到一定阶段后对政府的必然要求，也是公共财政的一项核心职责。随着社会保障事业的不断发展，社会保障支出在财政支出中所占比重不断增大，已经成为发达国家最主要的支出项目，甚至占据了财政总支出的半壁江山。没有一个公开、透明、规范、民主的公共财政体制为依托，如此巨额的资金需求是很难得到有效保障的。因此，在健全社会保障体系过程中，也要加快推进财政体制向公共财政的转型，不断完善社会保障筹资机制，将向全体公民提供基本社会保障制度作为公共财政的核心职责之一，确保财政投入能够更多地向社会保障等民生领域倾斜。第三，要充分认识到强化"执行力"对落实好各项社会保障改革发展战略的重要性，通过深化行政管理体制改革，为社会保障事业发展提供组织和管理保障。在发达国家的社会保障改革过程中，社会保障行政管理体制的改革和社会保障组织运行流程的再造是一项重要内容。通过精简和整合有关机构，理顺部门职能，有利于降低社会保障制度的管理成本，提高制度运行效率。第四，要充分认识到民主化进程对社会保障制度建设的巨大推动作用，通过加快建设社会主义民主政治，为社会保障发展提供政治保障。社会保障从施舍和恩惠变成基本的公民权利，既是经济发展的结果，也是政治进步使然。经济实力和国家财力的增强只是为社会保障事业的发展提供了可能性或者说必要条件，只有通过民主化进程和开放社会建设，每个社会成员的吁求才能够通过合理渠道得到表达和维护，公民的社会保障权利才真正能够落实。因此，健全社会保障体系应与社会主义民主政治建设同步推进。

中篇

我国社会保障的现代发展历程

我国早在西周时期就出现了初步的、具有社会保障色彩的政策措施——仓储制度。当时，仓储称为"委积"，是指税收以外储蓄之余财，其用途包括济贫、救荒、供养征战阵亡者的老弱眷属等。《周礼》记载：大司徒以保息六养万民。所谓保息六养：一曰慈幼，二曰养老，三曰赈穷，四曰恤贫，五曰宽疾，六曰安富。这些措施涉及了儿童福利、老人福利、就业服务、社会救济、医疗保健等多方面内容，尽管政策实施效果未必理想，但从中可以窥见政府在某些社会保障方面承担责任的雏形。

此后，历经各朝发展演变，中国社会保障可以说一直走在同时代其他封建国家的前面。但是，由于未能与西方资本主义国家同步进入工业革命时代，加之内忧外患频仍，自近代以来，中国经济社会发展逐步落后。在经济实力薄弱、社会动乱绵延的背景下，社会保障也就无力顾及了，很多情况下甚至只能用民不聊生来形容和概括。直至新中国成立后，社会保障事业才开始翻开崭新的一页。

新中国成立后，劳动保险制度迅速建立，社会保障开始从传统社会保障时期进入现代社会保障时期。在 20 世纪 80 年代中期和本世纪初，为适应国有企业改革以及构建社会主义和谐社会的需要，社会保障制度建设的取向、重点和理念分别经历了两次比较大的调整和变革。由此，我们可以把新中国成立以来社会保障事业的发展大略划分为三个阶段，即：（1）从新中国成立到 20 世纪 80 年代前期，是服务于计划经济和工业化进程的社会保障制度建设阶段；（2）从 20 世纪 80 年代中期到本世纪初党的十六大召开，是服务于市场化改革特别是国有企业改革进程的社会保障制度建设阶段；（3）自党的十六大以来，是服务于构建和谐社会进程、应对国际金融危机、以覆盖全民为目标的社会保障制度建设阶段。

1. 计划经济时期的社会保障制度

从新中国成立到 20 世纪 80 年代中期推进城市经济体制改革之前，我国实行的是与计划经济体制相适应的社会保障制度。1951 年，政务院颁布《中华人民共和国劳动保险条例》，并于1953 年对其进行修订，确立了新中国成立初期我国社会保障体系的基本框架。20 世纪 50 年代后期和 60 年代前期，劳动保险等社会保障制度得到进一步完善。1966 年"文化大革命"爆发后，社会保障管理体制和筹资机制进行了调整。在管理体制上，由于各级工会组织遭受冲击，陷于瘫痪，无法履行劳动保险职能，劳动保险工作由劳动行政部门直接接管。在资金筹集模式上，由企业按比例提取劳动保险金统筹使用的社会保险方式改为在企业营业外列支的企业保障形式①。尽管这一时期的社会保障制度处于调整和变化过程中，但在制度设计、运行特征和保障理念等方面是大致相同的，主要有以下特点：

（1）社会保障制度建设的相对超前性。在开始推进社会保险制度建设的1952年，我国的实际人均GDP水平，仅分别相当于同期美国、英国、法国、西德、日本人均GDP水平的5%、7.6%、9.5%、11.8%和23%，与以上国家1880年的人均GDP水平相比也明显偏低，分别为美国的16.9%、英国的15.5%、法国的27%、德国的25.4%和日本的62.3%（详见表2②）。而且，我国当时是同步推进养老、医疗、工伤、生育等保障制度建设，提供的保障水平也相对较高，企业退休养老补助最高为本人标准工资的70%。此外，如果考虑到当时实行的从小学到大学的免费教育以及充分的就业保障，这一超前性特征就更加明显。

① 人们通常将这一变化视为我国社会保障制度建设中的一大倒退，即社会保障蜕变为了"单位保障"。笔者认为，在当时高度集权的计划经济体制和"一大二公"的所有制结构下，企业等单位都是国家的附属物，所谓的单位保障实际上就是一种国家保障或社会保障，两者的区别更多的只是形式层面而非实际层面的。

② 以上数据是根据研究各国长期经济增长的著名经济学家安格斯·麦迪森对各国GDP的估计测算的。农业部门规模较小，工业部门内部的人均GDP差距要比以上数据表明的要小些，但是这一基本事实是肯定成立的。

表2：1880年和1952年的人均GDP水平

单位：美元

国别	1952年	1880年
中国	538	540
德国	4 553	1 991
法国	5 659	2 120
英国	7 091	3 477
美国	10 316	3 184
日本	2 336	863
印度	629	584

"上篇"曾经对前苏联东欧等社会主义国家社会保障制度建设存在的一些特殊动因和背景进行了简要分析，指出这既是社会主义国家政权的执政理念使然，又是中央计划经济体制和全民所有制内生的产物，也符合加快推进工业化进程的客观需要。应该说，我国现代社会保障制度的建设之所以相对超前，正是因循了这一基本逻辑，甚至体现得更加突出。有专家因此指出，如果说资本主义国家社会保障制度的建立是工业化的结果，那么中国、越南、朝鲜、古巴等一些社会主义国家和发展中国家的保障制度在很大程度上可以视为工业化的一个起点、前提或组成部分①。

（2）国家保障责任的"无限性"和保障体系的单一性。传统农业社会"救济主导型"的社会保障主要涉及农民个人和政府两大主体，一般是由农民个人承担主要保障责任，政府则通过临时救济的方式发挥一定的补缺作用。随着资本主义的兴起和工业社会的发展，社会保

① 朱玲：《计划经济下的社会保护评析》，载《中国社会科学》1998年第5期。

障的主体更加多元化，涉及国家、雇主、个人和市场等方面，随着"保险＋救济"主导型向"保险＋福利"主导型模式的演进，国家责任也得到明显加强，但雇主、个人、市场仍然有较大的发挥保障职能的空间。在我国及其他一些实行计划经济的社会主义国家，所谓的劳动保险等社会保障制度实际上是由国家承担起了全部保障责任的国家保障制度。这种国家保障责任的"无限性"，显然与一般意义的社会保险制度存在明显差异。这是因为：①全民所有制下国家与雇主的身份是合一的，雇主的保障责任被整合到国家的保障责任中，也可以说国家的保障责任通过雇主保障责任体现出来，因此不可能存在独立于国家保障责任的雇主责任；②高度集权的计划体制下，政府通过行政指令全面掌控社会资源，市场经济被完全排斥，自然不可能有市场化保障机制发挥作用的空间，也不存在慈善事业发育的有利环境；③为了适应工业化进程加速积累的需要，国家将除满足个人当期基本生活之外的剩余全部集中起来，留给工人、干部的工资主要是当期的基本生活费，没有多少余钱可用于抵御风险，在职工个人缺乏自我保障能力① 的情况下，只能由政府向其提供比较全面的福利安排。

（3）并存着体制内的公平性与城乡之间的不公平性。在计划经济体制下，收入分配受到国家严格控制，企业、事业、国家机关、人民团体等单位职工的社会保障政策基本统一。不同地区、不同行业以及机关和企业之间的城镇职工，无论是在收入水平还

① 从 1965 年 到 1970 年 5 年的时间内，我国城乡居民储蓄存款余额只增加了 14.3 亿元，相当于 1970 年 GDP 的 0.6%，且不像现在这样还有购买保险、资本市场投资等其他储蓄渠道。

是在社会保障待遇方面都不存在明显差距，城镇社会保障体系内部的公平性得到较好保障，这一点与前苏联东欧社会主义国家是相似的。但与这些国家不同的是，我国社会保障在城乡之间存在比较明显的不公平。在苏联，法令规定集体农庄庄员也领取退休金，而且领取退休金的年龄与工人和职员相同，农庄庄员也都享有免费医疗的待遇。在我国，政府的保障责任主要限于城镇有工作的居民，农村只有五保供养等个别的保障制度，农村合作医疗即使在其短暂的全盛期所提供的保障水平也相当有限，且这些保障责任主要由村集体承担。这是因为：与前苏联东欧国家不同，中国是个一穷二白的社会主义国家，城乡二元的经济社会结构和落后的生产力水平制约了其将城镇社会保障体系向农村扩张的能力。计划经济下的中国农业在现代化道路上进展缓慢，乡村劳动者面临的风险，依然是传统农耕社会所具有的风险。从一定意义上讲，还要牺牲自己的利益为工业化做贡献。相比之下，多数欧洲社会主义国家或已经工业化，或生产力较发达、经济实力更强，至少农业领域的机械化程度较高，农业劳动者占比较小。由于这些国家的农民与产业工人的生活和工作条件相去不远，因而也需要类似的保障措施以应对工作和生活中的风险。

（4）劳动保险制度在具体操作和设计层面具有相当的合理性。虽然这一时期的社会保障制度存在国家保障责任过大及城乡差距较大等问题，但如果具体到劳动保险制度的具体设计和操作层面，应该说有不少值得肯定和借鉴之处①。比如，养

① 特别是在"文革"之前。只是由于受到大的经济社会环境的制约，这些值得肯定和借鉴之处在当时难以充分体现其意义。

老、疾病、工伤、残疾、死亡、生育等各类保障项目和所需基金统一管理，以及劳动保险基金在全国范围内进行统筹和调剂，有利于降低管理成本和提高资金使用效率；企业与机关事业单位社会保障政策特别是养老保障政策此时也是基本统一的，有利于避免群体间的矛盾；与当前社会保障主管部门将社会保障政策制定、业务经办和基金监督职能集于一身的做法不同，当时的劳动保险实行的是一种政事分离的管理体制，工会具体负责经办劳动保险，劳动行政部门进行监督和管理等。

　　总的来讲，劳动保险制度的建立是我国社会保障发展史上的一个里程碑。这一时期，中国的社会保障制度建设实现了历史性跨越，社会保障项目大大增加，社会保障覆盖范围明显扩大，社会保障水平较高。可以说，与同期的生产力发展水平相比，城镇职工及家属获得了较好的基本生活保障。农村社会保障事业尽管与城镇社会保障事业存在较大差距，但和从前相比也取得了明显进步。从本质上讲，我国的社会保障制度与前苏联东欧国家的社会保障制度一样，也是适应并服务于高度集权的中央计划经济体制、"一大二公"的所有制结构及工业化赶超战略的。这种以国家包揽一切、低工资、均福利、铁饭碗为特征的社会保障制度，与当时的计划经济体制一样，并不利于促进生产力水平的长期持续发展，因而也无法保证其自身的长期可持续性。因此，随着 20 世纪 80 年代以来市场化进程的启动和深入，社会保障制度也必然进行相应的调整和改革。

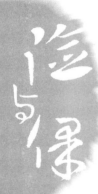

2. 服务于国有企业改革时期的社会保障制度

以 1984 年十二届三中全会的召开为标志，中国经济体制改革的重心开始从农村转向城市，从农业转向国有工商企业，1992年，党的十四大进一步明确了改革的目标是建立社会主义市场经济体制。从 20 世纪 80 年代中期到本世纪初党的十六大召开之前，在这近 20 年的时间里，社会保障改革主要围绕着服务于深化国有企业改革而展开，更多地被看做国有企业改革的一项配套措施。通过建立社会保险制度，传统的单位保障开始走向社会保障，责任共担、层次多元的社会保障体系得到一定发展。这一时期社会保障制度建设的基本主线是国家保障责任向个人和市场的适度转移，以及国家保障责任与雇主保障责任的分离。

（1）社会保险制度建立和发展的主要原因。一是促进企业公平竞争的需要。传统计划体制下，国有企业作为国家附属物，是一个纯粹的生产单元。随着市场化改革的深入，国有企业转变为自主经营、自负盈亏的经济实体，预算约束趋于硬化。同时，不断成长起来的民营企业、外资企业等新兴经济主体在国民经济中开始发挥越来越大的作用，所有制成分日趋多元化。与很多国有企业背负沉重的历史负担不同，改革开放以来成长的非公有制企业都是轻装上阵，这不利于各类企业在一个平台上进行公平竞争。为此，有必要通过社会保险对养老、医疗等费用进行社会统筹，平衡企业负担。二是促进劳动力流动的需要。计划体制下的单位保障，将职工的生老病死与所在企业紧紧绑在一起，不利于劳动力的流动和劳动力市场的形成，通过变单位保障为社会保险，能够为劳动力的合理流动创造更好的环境。三是适应收入分配格局调整的需要。改革开放以来，放权让利等措施的广泛推行重塑了国民收入分配格局，导致国家财政收入占国民收入的比重持续下降①，而个人和企业在国民收入分配格局中的份额则明显提高，在这一增一减中，国家包揽"无限"保障责任的做法难以为继。

（2）多层次保障体系架构的主要内容。改革开放以后，国家对经济社会运行的管制逐步放松，为其他保障机制的发展提供了空间。1991年，《国务院关于企业职工养老保险制度改革的决定》就明确提出，逐步建立起基本养老保险与企业补充养老保险及职工个人储蓄性养老保险相结合的制度。1993年，《中共中央关于建立社会主义市场经济体制若干问题的决定》指出，社会保障体系包括个人储蓄积累保障，并要求发展商业性保险业作为社会保险的补充。社会保障制度从计划经济时期国家包揽一切的一元责任主体模式向国家、个人、雇主、市场分担的多元责任主体模式演变：①适当强化个人保障责任。在社会保险制度内部，职工个人开始按照工资的一定比例缴纳社会保险费，改变了在劳动保险制度下不缴费的做法。同时，养老保险等制度中引入了个人账户，个人账户养老金作为一种确定缴费型（DC）计划，意味着个人也要为退休风险承担责任。此外，在教育方面，对学生上大学由国家包下来的

① 财政收入占GDP的比重从1978年的31.2%下降到1995年的10.7%。

做法进行了改革，逐步实行收费制度，其他非义务教育阶段学费标准也逐步提高。②市场化保障机制逐步发展。商业保险公司经办的健康保险和人寿保险开始在为社会成员提供生活和医疗保障方面发挥作用。③通过建立企业补充养老保险等方式，雇主开始作为独立于国家的保障主体，向职工提供补充保障。④随着个人收入的增加、企业（雇主）实力的增强、非营利组织的成长以及社会慈善意识的逐渐萌发，个人和企业开始注重履行其社会责任，慈善事业得到一定发展。

经过这一阶段的努力，我国初步建立起了独立于企事业之外、资金来源多元化、管理服务社会化的多层次社会保障体系的基本框架，保障了市场化改革的顺利推进，基本解决了与国有企业改革相关的社会保障政策问题，促进了多种所有制经济的共同发展，也为下一步推动建立覆盖全民的社会保障体系扫除了障碍、打下了基础。

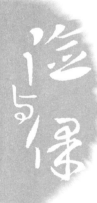

3. 适应构建和谐社会需要的社会保障制度建设新阶段

党的十六大以来，我国提出了全面建设小康社会和构建社会主义和谐社会的奋斗目标，社会保障从最初仅仅是国有企业改革的一项配套措施逐步转变为构建和谐社会的重要基石和实现社会公平正义的关键举措之一，健全和完善社会保障制度被置于经济社会发展更加重要的位置。如果说在计划经济向市场经济转轨的初期，国家对公民承担的保障责任因收入分配格局的调整和财政收入占比的下降呈弱化态势，那么随着市场经济体制的不断完善和国家财力的逐步增强，这一时期国家开始重新强化其对公民的社会保障等公共服务职能。当然，这绝非对计划经济体制下大锅饭福利的回归，而是以人为本执政理念的使然，是构建与市场经济体制相适应的，国家、社会、单位、个人权责界定合理的新型社会保障体系。由此，社会保障制度建设开始向覆盖全民、实现社会公正为主要目标的新阶段大步迈进。

（1）社会保障制度的覆盖范围不断扩大，农村社会保障体系建设取得较大成绩。实现社会公平是社会保障制度建设的核心目标之一。不断扩大社会保障制度的覆盖面、使尽可能多的社会成员特别是弱势群体能够纳入社会保障体系，是实现社会公平的基本前提。2002年以来，我国开始大力推进新型农村合作医疗、农村医疗救助、城市医疗救助、城镇居民基本医疗保险、农村低保、计划生育家庭奖励扶助、农村五保供养等制度的建设，并开展了新型农村社会养老保险试点等工作。参加新型农村合作医疗的农民到2008年达到8.15亿人，农村低保对象到2008年达到4 284.3万人。此外，各项社会保险制度的覆盖面也都明显扩大。社会保障制度覆盖面从就业人员扩大到非就业人员，从城市扩展到农村。经过几年的努力，目前已经基本建立了覆盖全民的医疗保障制度体系和最低生活保障制度体系，农村计划生育家庭奖励扶助制度和新农保试点拉开了农村养老保障的序幕，农村社会保障事业与城镇社会保障事业发展严重不平衡，城市这一条腿长、农村这一条腿比较短的局面得到有效缓解。

（2）公共财政的"公共性"在社会保障领域得到切实体现。

在上一阶段，财政除了保障行政事业单位的社会保障支出外，主要还保障为国有企业改革服务的社会保障支出，目的是为了解决大批国有企业经营困难甚至关闭破产后，无力缴纳社会保险费和因大量人员提前退休造成的社会保险基金缺口，以及为国有企业下岗职工提供基本生活保障。应当说，政府在安排这些社会保障投入时，更多体现了其作为国有企业所有者代表的身份，较少体现公共行政管理者或公民代表的身份。2003年以来，各级财政社会保障投入的公共性特征日益明显，用于支持新型农村合作医疗、农村低保、城镇居民基本医疗保险、城乡医疗救助制度建设的资金规模不断扩大。就业再就业政策也从主要面向国有企业下岗失业人员逐步扩大到面向符合条件的全体劳动者。从2003年到2008年，中央财政共安排新型农村合作医疗补助资金416亿元，安排农村医疗救助和城市医疗救助补助资金分别为66.6亿元和44.1亿元，安排就业补助资金918亿元，安排城乡低保补助资金995亿元。新型农村社会养老保险制度建设从2009年开始启动，财政对基础养老金给予全额补助，每人每月不低于55元，地方财政对农民缴费实行补贴。

（3）多层次社会保障体系得到进一步发展。包括政府主导的基本保障、企业提供的补充保障、商业保险和慈善事业等在内的多层次保障体系继续发展，国家、市场、雇主、个人各自的保障责任进一步优化。①企业年金和企业补充医疗保险有了更快的发展。2007年底全国已有3万多家企业建立了企业年金，缴费职工人数超过1 000万。企业年金规模迅速增长，在2006年全国新增企业年金260亿元的基础上，2007年和2008年新增规模都达到 400 多亿元，到 2008 年底企业年金基金总规模已经达到 1 911 亿元。②商业保险的保障职能明显增强。2008 年，健康保险的保费收入达到 585 亿元，是 2001 年的 9.6 倍。人寿保险的保费收入达到 6 658 亿元，是 2001 年的 5.2 倍。此外，一些商业保险公司开始介入新型农村合作医疗等社会保障业务的经办工作，市场机制发挥作用的空间进一步拓展。③慈善事业迅速壮大，在社会保障体系中发挥着更大的补充作用。截至 2008 年 9月，在全国注册的慈善组织中，各级基金会有 1 361 家，县级以上慈善会、红十字会 4 100 多家。在大约 40 万个社会团体、民办非企业单位中，也有很多参与慈善活动。到 2007 年，在华国际慈善组织数量超过 4 000 家，中国慈善机构获得捐助总额从 2004 年的 50 亿元人民币增加到 309 亿元人民币，占 GDP 的比重从 0.05% 提高到 0.13%①。2008 年的四川汶川特大地震灾害，更是极大激发了全社会的爱心和奉献精神，我国当年全年共接收国内外社会各界捐赠款物 1 070 亿元，其中针对汶川地震的捐赠超过 600 亿元，成为中国慈善事业发展的一个新起点。志愿者的热情在 2008 年汶川特大地震和北京奥运会中也迸发出来，奥运会志愿者超过了 100 万，地震灾区救灾志愿者超过 300 万。

①2008 年捐赠额的大幅度增长有汶川地震等非正常因素，因此未用 2008 年数据进行比较。

我国社会保障的国际比较：
发展水平

在对中国社会保障制度近 60 年的发展历程简要进行纵向回顾的基础上，再将其置于国际社会保障制度发展的大背景之下进行横向比较和分析，可以使我们对中国社会保障体系的现状有一个更加全面、客观的了解和评价，也有利于更好地研究和梳理下一步社会保障发展改革的思路。在接下来的三章中，我们将分别从社会保障发展水平、社会保障筹资机制和社会保障管理体制三个维度来展开这一比较分析。**社会保障发展水平**包括社会保障项目的多少和建立的早晚、社会保障覆盖范围的大小、社会保障待遇水平和支出水平的高低以及多元化保障机制的发育程度等，这些指标能够最为直接地反映出政府及社会在保障民生和改善民生方面取得的进展，是评价一国社会保障事业的核心指标。**社会保障筹资机制**包括筹资渠道、筹资水平、筹资结构和筹资层次等方面的内容。在这里，筹资渠道是指社会保障事业发展所需资金是通过一般税收还是社保税（费）等专项收入的方式进行筹集；筹资水平是指社保税（费）率水平的高低；筹资层次则是指社会保险基金是在什么层次上进行统筹的；筹资结构主要是针对医疗保障制度而言的政府支出和私人支出在卫生总费用中的占比情况。社会保障筹资机制的合理与否，对宏观经济绩效、劳动力市场运行状况及企业国际竞争力等有重要影响，也直接关系到社会保障事业的长期可持续性。**社会保障管理体制**主要是指不同行政部门在社会保障管理中的职责分工情况，以及社会保障的具体经办模式。养老保障制度和医疗保障制度是社会保障体系中最核心、最复杂的组成部分，这里主要侧重于养老保障问题。下面首先从发展水平上进行国际比较和分析。

1. 社会保障项目

就社会保障项目的健全程度而言，无论与发达国家历史上处于相似发展阶段的时期相比，还是与发展中国家相比，我国总体上都是有所超前的。

国际社会保障协会将社会保障项目分为养老（残疾、遗属）保障、医疗（生育）保障、失业保障、工伤保障和家庭津贴（低保）五大类。据国际社会保障协会和美国社会保障署 2007 年对 172 个建立了至少一种社会保障制度国家的统计，已建立老年和工伤项目的分别有 170 个和 167 个，占 98.8% 和 97.1%；建立疾病保障制度的有 148 个，占 86%；建立家庭津贴制度和失业保障制度的分别为 103 个和 81 个，占 60% 和 47%。建立全部五类保障项目的国家约为 72 个，占 42%。20 世纪 50 年代初，我国建立起了包括养老、医疗、工伤、生育等在内，项目比较全面的城镇职工劳动保险制度，当时实际人均 GDP 水平只相当于德国建立社会保险制度时实际人均 GDP 水平的 1/4 左右。即使在我国基本建立起覆盖全民的社会保障制度体系框架的今天，实际人均 GDP 水平也仅与欧美发达国家 20 世纪三四十年代的水平大致相当 ①。中国作为社会保障项目比较齐全的国家，也走在了发展中国家的前列。很多发展中国家只是建立了部分保障项目，社会保障体系还不太健全。在亚太和非洲的 89 个发展中国家和地区中，除原属于苏联的中亚和外高加索国家外，中国是各个保障项目建立较早的国家之一，也是目前社会保障项目比较齐全的发展中国家之一。这些国家中，在 20 世纪 50 年代开始建立政府养老保障计划的有 28 个国家，60 年代有 26 个国家，70 年代有 19 个国家。此外，迄今为止，个别国家如缅甸和马拉维没有建立除公务员和军人以外的养老保障计划，22 个国家没有建立医疗保障计划，多达 58 个国家没有建立失业保障计划。表 3 是部分发展中国家社会保障项目的建立情况，从中可以看出，很多人均 GDP 水平与我国基本相当甚至明显超过的国家，社会保障项目的健全程度与我都存在一定的差距。像马来西亚、菲律宾、肯尼亚、秘鲁、越南等发展中国家迄今都没有实行失业保障和家庭津贴（低保），有的国家

① 据著名经济学家 Angus Madison 统计，2003 年和 2005 年我国人均 GDP 按 1990 年国际美元计算分别为 4 803 美元和 5 578 美元。按同口径计算，1940 年美国 7 010 美元、英国 6 856 美元、瑞士 6 397 美元、澳大利亚 6 166 美元、德国 5 403 美元、丹麦 5 116 美元。

养老保障制度或医疗保障制度缺位，如缅甸、博茨瓦纳等。

当然，从进一步促进社会公正与社会和谐的角度出发，我国的社会保障制度体系仍有进一步健全的空间和必要。比如，在我国人口日趋老龄化的背景下，有必要在适当的时候探索建立社会护理保险制度，为那些因年老、疾病或伤残而需要长期照顾的社会成员提供护理服务等。

表 3：发展中国家社会保障项目建设的基本情况

国别	社会保障项目					人均 GDP（美元，名义）	人均 GDP（美元，PPP）
	养老	医疗	工伤	失业	低保、家庭津贴		
中国	✓	✓	✓	✓	✓	2 483	5 325
俄罗斯	✓	✓	✓	✓	✓	9 075	14 705
南非	✓	✓	✓	✓	✓	5 916	9 767
巴西	✓	✓	✓	✓	✓	6 938	9 703
墨西哥	✓	✓	✓	✓	✓	9 717	14 120
智利	✓	✓	✓	✓	✓	9 884	13 921
阿根廷	✓	✓	✓	✓	✓	6 609	13 318
泰国	✓	✓	✓	✓	✓	3 732	7 907
韩国	✓	✓	✓	✓	✗	20 015	24 803
印度	✓	✓	✓	✗	✗	942	2 563
埃及	✓	✓	✓	✓	✗	1 739	5 495
马来西亚	✓	✓	✓	✗	✗	6 956	13 385
博茨瓦纳	✓	✗	✓	✗	✓	7 933	16 516
越南	✓	✓	✓	✗	✗	829	2 589
菲律宾	✓	✓	✓	✗	✗	1 626	3 383
肯尼亚	✓	✗	✓	✗	✗	780	1 673
缅甸	✗	✓	✓	✗	✗	234	1 040
秘鲁	✓	✓	✓	✗	✗	3 826	7 809

资料来源：1. 社会保障项目的情况见美国社会保障署《全球社会保障》。

2. 有关人均 GDP 的数据来源于国际货币基金组织。

2. 社会保障覆盖面

我国多数社会保障制度的覆盖面优于一般发展中国家，但养老保障制度的覆盖面较小。

发达国家的社会保障制度覆盖面普遍较广。公共养老金制度已经覆盖了绝大多数劳动者，社会医疗保障制度在绝大多数发达国家也已经覆盖全体公民。总的来讲，发展中国家社会保障覆盖面相对较窄，但是不同国家进展不一，差别较大。正如国际劳工局指出的，在撒哈拉以南非洲和南亚，法定社会保障的人员覆盖范围估计占工作人口的 5%—10%，而且在某些情况下，这一比例还在下降。世界银行的国别调查也表明，玻利维亚、萨尔瓦多、秘鲁养老保险制度只覆盖了 10%—15% 的就业者，马尔代夫和斯里兰卡是 1/3 左右。在印度的 4 亿多劳动力中，参加养老保险的只有 3 500 万人，不到 10%。目前，我国已经基本建立了覆盖全民的医疗保障制度体系，就业再就业政策的享受对象扩大到了所有符合条件的劳动者，最低生活保障制度基本实现"应保尽保"。因此，就覆盖面来看，这几类保障项目在发展中国家处于领先水平，而且也不低于发达国家。相比之下，我国的养老保障制度覆盖面还比较窄，低于一些发展中国家的水平(见表 4)[①]。这主要是因为，我国今年才开始在占我国人口大部分的农村居民中，通过全国十分之一的

① 为增强可比性，中国的数据也是取自同一来源，而非我们自己计算的。

县试点建立新型养老保障制度，因此除农村五保供养对象、部分符合条件的计划生育家庭奖励扶助对象及试点（试行或者推行）农村养老保险的少数发达地区农民外，大多数农民的养老保障仍然主要依靠自我保障和家庭保障。此外，城镇职工基本养老保险制度也没有做到全覆盖，仍然留有一些"死角"。

表 4：养老保障制度覆盖面的国际比较

	国别	养老保险覆盖面（%）
发达国家	日本	95.3
	英国	92.7
	澳大利亚	92.6
	美国	92.5
	瑞典	91
	法国	89.9
	德国	88.2
	捷克	86.3
	波兰	84.9
	韩国	74.3
高于中国的发展中国家	蒙古	61
	智利	58
	埃及	55.5
	巴西	52.6
	马来西亚	48.7
	土耳其	45
	阿根廷	35
	伊朗	35
	墨西哥	34.5
	菲律宾	27.1
	泰国	22.5
中国	中国	20.5

	国别	养老保险覆盖面（%）
低于中国的 发展中国家	哥伦比亚	19
	印度尼西亚	15.5
	也门	10
	印度	9
	肯尼亚	8
	巴基斯坦	6.4
	莫桑比克	2

资料来源：World Bank,*World Development Indicator*,2008.

近年来，一些发展中国家为进一步扩大其养老保障制度的覆盖面，做出了很大的努力。阿根廷、孟加拉国、巴西、智利、印度、南非等国通过家计调查的非缴费型养老金计划（Non-Contributory Pension，简称 NCP）为收入较低的农村老年居民和城镇非正规就业老年居民提供养老金，而玻利维亚、毛里求斯、博茨瓦纳、尼泊尔等实行的是针对全体老年居民的普遍保障 NCP 计划，NCP 计划所需资金主要来源于国家财政。毛里求斯、纳米比亚、南非、博茨瓦纳受益人养老金收入占各自国家人均 GDP 的比例分别为 17%、16%、32% 和 9%。NCP 降低了发展中国家特别是低收入国家农村的贫困率，使阿根廷、巴西、哥斯达黎加、智利的赤贫率分别降低了 67.1%、95.5%、21.4% 和 69.0%，贫困率分别降低了 30.8%、29.2%、24.3% 和 18.7%。此外，突尼斯、马来西亚、菲律宾、波兰、阿尔巴尼亚、越南等则建立了农民个人和政府共同筹资的缴费型农村养老保险计划。我们认为，如果我国新型农村社会养老保险制度试点成功，养老保障覆盖面窄的问题有望用 5 年左右加以解决，这个速度应当说是非常快的。

3. 社会保障待遇水平

我国社会保障待遇水平总体较高，但是存在较为明显的地区差距和群体差距。

各国社会保障制度设计模式不同，待遇计发办法各异，对社会保障待遇水平进行国际比较是较为困难的。由于养老保障制度是社会保障体系最主要的组成部分之一，我们主要以养老金替代率为例进行分析[①]。据有关专家测算，我国的养老金替代率2002年为78%左右[②]。表5提供了部分OECD国家公共养老金制度的替代率及OECD国家的平均替代率。从中可以看出，我国的养老保障水平还是比较高的，比英国、日本、德国、美国、法国分别高出47、43、38、37和27个百分点，也比OECD国家的平均水平高出19个百分点。此外，与俄罗斯比较，我国的养老金水平也不低。由于经济衰退和通货膨胀，俄罗斯的养老金水平相当于最低生活费的比例从1993年的138%下降到1999年的70%，近年来由于经济形势有所好转，养老金水平得以提高，但是到2006年也仅相当于最低生活费的95%[③]。我国的企业职工养老保

[①] 人们在使用养老金替代率一词时，口径并不完全一致。一种口径是指当前养老金水平与当前职工工资水平之比，按照这一口径，养老金替代率会相对较低；还有一种口径是指退休人员的养老金水平与退休前工资水平之比。发达国家的养老金替代率通常是采用后一种口径。

[②] 穆怀中：《发展中国家社会保障制度的建立和完善》，人民出版社2008年版。

[③] 穆怀中：《发展中国家社会保障制度的建立和完善》，人民出版社2008年版。

险制度的养老金水平 2008 年为 1 150 元，相当于城市居民最低生活保障标准 205 元的 560%。此外，我国城镇职工基本医疗保险制度的报销水平应该说也是不低的。新型农村合作医疗及城镇居民基本医疗保险由于起步时间较晚和筹资标准不高，保障水平相对低一些，有的地区新型农村合作医疗制度的综合报销比率只是刚刚达到甚至稍低于国际劳工组织《社会保障（最低标准）公约》规定的 45% 的医疗保障制度最低给付率。不过，随着这两项制度的筹资水平和财政补助标准的进一步提高，其保障水平在今后几年将会有明显改善。

当然，我国在社会保障待遇水平方面也存在一些比较明显的问题。仍以养老金水平为例，一是不同群体之间待遇差距较大。由于执行不同的养老保障政策，造成了机关事业单位退休人员和企业退休人员的养老金待遇差问题。据统计，我国企业退休人员人均养老金水平不到机关事业单位退休人员人均养老金水平的 50%。笔者在瑞典、日本考察时了解到，瑞典的公务员、企业职工和其他就业人员都参加国家统一的养老保险制度，同样收入水平的职工，不论在什么行业，退休后得到的养老金是大体相同的。在日本，虽然私营部门的职工、中央政府雇员、地方政府雇员、私立学校雇员和农林渔业雇员分别参加各自的养老保险计划，但执行相同的政策，缴费率和养老金计发办法是统一的。二是不同地区之间待遇差距较大。不同地区的养老金水平在我国也存在较大差距，2005 年，北京市企业退休人员人均退休金水平为 13 418 元 / 年，而海南省只有 5 580 元 / 年。如果进行县市之间的比较，那么养老金水平的差距会更大。在一些国家如德国，由于是根据个人工资水平以及全国平均工资水平而非地方平均工资水平来计算养老金"点数"，且每一个"点数"的养老金值是全国统一的①，因此，地区之间的养老金水平差距要小得多。而在丹麦以及挪威等国家，其第一支柱的养老金水平是等额的，不与个人工资水平挂钩，因而养老金待遇水平的公平性更高。虽然我国地区间养老金待遇水平差距大并不完全是社会保障制度本身的问题，与国家太大且地区间经济发展很不平衡也有密切关系，但这一问题还是应引起社会保障等相关部门的重视，并逐步加以缩小。

表 5：公共养老金替代率的国际比较

国别	公共养老金毛替代率（%）	国别	公共养老金毛替代率（%）
中国	78	瑞典	62.1
希腊	95.7	法国	51.2
匈牙利	76.9	德国	39.9
卢森堡	88.3	加拿大	43.9
意大利	67.9	澳大利亚	43.1
波兰	61.2	美国	41.2
韩国	66.8	英国	30.8
挪威	59.3	爱尔兰	32.5
芬兰	63.4	日本	34.4
OECD 平均	58.7	墨西哥	35.8

资料来源：OECD, *Pension at a Glance*,2007.

① 2003 年到 2006 年间，每 1 个点数相当于 26.13 欧元。

4. 社会保障支出水平

　　我国社会保障支出近年来增长较快，但是仍有进一步提升的空间和必要。

　　社会保障发展水平的高低与社会保障支出水平的高低存在密切联系。财政支出中有多大比重用于社会保障等民生工作，是衡量公共财政"公共性"的重要指标。从 1998 年到 2008 年，我国财政社会保障支出从 596 亿元增加到 6 804 亿元，社会保障支出占财政支出的比例从 5.2% 提高到 10.9%，上升了 5.7 个百分点。除行政事业单位的离退休费之外，社会保障支出中更能体现公共财政职能的社会保险基金补助、城乡低保、就业补助、救灾等支出，增长尤其迅猛，占财政支出比重从 1998 年的 2.8% 提高到 2008 年的 7.9%。此外，若将医疗卫生支出中的医疗保障支出也计入的话，那么社会保障支出占财政支出的比重将从 1998 年的 6.7% 上升到 2008 年的 13.2%。

　　参照一些国家将社会保险基金支出纳入预算管理的做法，我们进一步计算了包括社会保险基金支出在内的社会保障支出规模。2008 年，包含社会保险基金在内的社会保障支出占财政支出 [1] 的比重为 22.2%，占 GDP 的比重为 5.2%。这个口径相对而言更具有国际可比性。通过与三类

> [1] 财政支出口径也相应调整，包含了社会保险基金支出。

典型国家的比较，可以对我国的社会保障支出水平有一个更加全面的认识：一是与发达国家相比较低。表6给出了美国、日本、德国、法国、英国、瑞典、加拿大等部分发达国家2006年社会保障支出情况。可以看出，瑞典社会保障支出占财政支出的比重高达2/3，占GDP的比重也高达1/3，很多发达国家社会保障支出占财政支出的比重都在50%以上。

表6：部分发达国家社会保障支出占比情况

国别	社会保障支出占财政支出比重（%）	社会保障支出占GDP的比重（%）
美国	40	17
日本	51	19
德国	61	30
法国	56	33
英国	53	24
瑞典	67	37
加拿大	49	20

二是与东欧转型国家和拉丁美洲一些国家相比也偏低。20世纪90年代末部分东欧和拉美国家社会保障支出情况见表7，当时这些国家的经济发展水平与我国目前大体相当。可见，这些国家社会保障支出水平比我国2008年社会保障支出水平相比也要高出不少。这一方面说明这些国家对社会保障比较重视，另一方面也与福利制度的刚性有一定关系。东欧国家在传统计划经济体制下实行高福利政策，拉美国家在20世纪60年代经济起飞阶段也大大提高了社会成员的福利，20世纪八九十年代以来，这

些国家经济增长放缓甚至陷入停滞和衰退，但福利待遇又难以下调，这是造成社会保障支出水平较高的原因之一。

表 7：部分东欧和拉美国家社会保障支出占比情况

国别	社会保障支出占财政支出比重（%）	社会保障支出占 GDP 的比重（%）
波兰	52.1	25.1
罗马尼亚	34.7	12.4
俄罗斯	27	10.4
阿根廷	41.2	12.4
巴西	36.7	12.2

　　三是与东亚新兴经济体如韩国、新加坡和我国台湾省相比，我国社会保障支出水平并不低。比如，韩国 1996 年社会保障支出占财政支出和 GDP 的比重分别为 21.2% 和 5.6%，当年其实际人均 GDP 水平比 2008 年我国实际人均 GDP 水平要高 50% 左右。新加坡和我国台湾省社会保障支出占 GDP 的比重 1996 年也分别仅为 3.3% 和 5.8%。这一方面是因为作为相对美欧而言的后发工业化经济，在赶超过程中需要抵御福利国家的诱惑，以免造成沉重的社会负担；另一方面也与其初次分配比较公平，从而降低了社会保障支出压力有关。以韩国为例，虽然社会保障支出规模不大，但是收入分配结构却是比较合理的，韩国的基尼系数 1993—2005 年一直稳定在 0.28—0.32 之间，在世界上处于较低水平。相比之下，我国基尼系数目前达到 0.47，因此，仍然有必要逐步提高社会保障支出水平，更好

地促进社会公平。

5. 多元化保障机制发育程度

这一机制进展明显，但是还未形成结构比较均衡的多支柱、多层次保障体系。

改革开放以来，我国除大力发展政府保障机制外，商业保险、企业补充保险等市场化保障机制和慈善事业也有了一定的发展。如果进行自我纵向比较的话，应该说我国的补充保险、商业保险和慈善事业在最近几年发展是比较快的。

但是，应该清醒地看到，我国还没有形成结构比较均衡的多支柱、多层次社会保障体系。比如，我国企业年金的基金总规模仅相当于 GDP 的 0.6% 左右，参与企业年金的职工仅占就业人员的 5% 左右，而且举办企业年金计划的大多是国有企业特别是大型央企中带有一定垄断性质的电力、电信、石化、银行等行业，中小企业建立的企业年金占我国企业年金基金比例还不到 1%。相比之下，在美国、英国、澳大利亚、加拿大等国家，企业年金基金总规模相当于 GDP 的比例分别高达 99%、70%、58% 和 50%，欧洲大陆大多数国家也比我国的比重高得多，美国有 64% 的员工参与年金计划，并且很多是把年金计划当作他们退休收入最重要的一部分，说明这些国家的企业补充保障在社会保障体系中发挥的作用要明显高于我国，这样既避免了政府背上过重的包袱，也有利于促进金融市场的发展。

表8：企业年金等私营养老金基金的发展情况

国别	私营养老金基金规模（GDP%）	国别	私营养老金基金规模（GDP%）
美国	98.9	挪威	6.8
英国	70.1	法国	5.8
澳大利亚	58	德国	3.9
爱尔兰	52.8	意大利	2.8
加拿大	50.4	韩国	1.9
瑞典	14.5	中国	0.6
波兰	8.7	卢森堡	0.4

资料来源：OECD, *Pension at a Glance*,2007.

我国商业医疗保险在医疗保障体系中的作用也有待进一步加强。2006年，美国、斯洛文尼亚、加拿大、法国、德国等国家商业医疗保险在卫生总费用中均占有较大比重，超过10%。2007年，我国各类健康险赔付支出仅占当年我国卫生总费用11 289亿元的1.6%，总额只有175亿元。

表9：商业保险在卫生总费用中的比重（2006年）

国别	商业保险	其他私人支出	公共支出
美国	35	31	44
斯洛文尼亚	14	14	72
加拿大	13	17	70
法国	13	8	79
德国	10	13	77
瑞士	9	32	59
澳大利亚	8	23	69

2007 年我国慈善捐赠占 GDP 的比重达到 0.13%，比前些年明显提高，但与其他一些国家相比还有明显差距，如美国为 2.17%，英国为 0.88%，加拿大为 0.77%。另据中国青少年发展基金会的一份调查显示，在我国 1 000 万家国内企业中，仅有 10 万家曾捐赠慈善事业。2001 年，美国个人捐款的数额高达 1 610 亿美元，来自遗赠、基金会和企业的捐款达到了 2 120 亿美元，捐款数额在过去 10 年里增长了 50%。据对 1989 年、1991 年、1993 年、1995 年和 1998 年的统计分析，全美国 70% 以上的家庭都对慈善事业有捐赠。此外，我国的社会捐赠等慈善事业很大程度上是由政府直接推动的，捐赠款物的使用也主要由政府负责安排，由没有政府背景的非营利组织主导的慈善事业还不很发达。2008 年社会捐赠的急剧上升表明慈善事业取得了新的进展，但这一方面是在汶川地震的特殊背景下发生的，另一方面仍然具有强烈的行政主导色彩，未来几年慈善事业能否在常态下维持高位运行并进一步发展还有不少不确定因素。总的来看，慈善事业的第三次分配作用远远没有得到充分发挥。

商业保险、企业补充保险和慈善事业发展缓慢，首先是因为我国从计划经济体制向市场经济体制的转型，从国家全面控制社会的总体性社会向公民自我组织、自我治理的公民社会的转型尚没有完成，还有较长一段路要走。其次是因为政府提供的基本保障支柱规模偏大、费率偏高。以基本养老保险费率为例，我国高达 28%，明显超过一些发达国家的水平，给企业造成了比较沉重的负担，进而影响了企业发展补充保障的能力和意愿。

　　综合以上分析简要小结：应该肯定的一点是，中国目前的社会保障水平相对于经济发展水平而言总体上是超前的。从社会保障项目、社会保障水平、社会保障覆盖面等方面衡量，与人均GDP水平和我们相当甚至高于我国的发展中国家相比，我国社会保障事业发展的成就处于前列，也超过了历史上处于大致相同发展阶段的发达国家。我国能够在人均GDP水平不高、低收入人口占比很大、人口老龄化形势相对严峻、国家财政汲取能力不足的情况下快速健全社会保障体系，是非常难能可贵的！

　　社会保障水平不断提高、社会保障体系日益发展、社会保障改革不断深入起到了多方面作用：从经济效应看，加快了工业化进程，支持了市场化改革，拉动了有效需求，推动了经济增长；从社会效应看，控制了基本风险，保障了人民生活，促进了分配公平，维护了社会稳定；从政治效应看，体现了执政理念，密切了党群关系，赢得了人民拥护，巩固了政权基础。因此，对我国社会保障制度建设取得的巨大成就应给予充分肯定。同时，对我国社会保障发展中的一些不足也要有清醒的认识，比如：有的保障项目像养老保障制度的覆盖面还比较窄；市场化保障机制和慈善事业的保障水平和保障面还有较大发展空间；群体之间以及地区之间社会保障待遇水平和发展水平的不平衡问题仍比较突出；社会保障支出水平尚不能较好满足构建和谐社会和全面建设小康社会的需要等。这些都是我们在下一步社会保障发展改革中需要着力研究和解决的问题。

我国社会保障的国际比较：
筹资机制

社会保障制度特别是其中最主要的养老保障和医疗保障制度筹资机制是否科学合理，不仅关系到社会保障事业本身的长期可持续发展，也会对宏观经济运行状况和企业的国际竞争力产生重要影响。社会保障筹资机制涉及很多方面的问题，下面我们从筹资渠道、筹资水平、筹资层次和筹资结构四个方面对中国社会保障制度筹资机制展开国际比较和分析。

1. 筹资渠道

筹资渠道即通过什么方式为社会保障事业发展筹集资金，是一般税收还是专项社保税（费），如何发挥两者各自作用才最有利于社会保障自身及经济社会总体发展？这涉及社会保障制度与税收制度关系如何协调的问题。

从国际上看，社会保障筹资有两种主要模式，一种模式是以专项社保税（费）筹资为主，以一般税收筹资为辅；另一种模式则是以一般税收筹资为主，以社保税（费）筹资为辅，甚至没有专门的社保税（费）。下面我们以养老保障制度和医疗保障制度为重点分析一下其筹资模式。

就养老保障制度而言，完全通过一般税收筹资的国家相对较少，比较典型的是新西兰、南非以及 1992 年前的澳大利亚等，这些国家没有与收入关联的缴费型养老金计划，养老金完全通过一般税收安排①。大多数国家的公共养老金制度主要通过专项社保税（费）筹集，比较典型的有德国、美国、日本等。但是在这些国家，也通过一般税收为养老金制度筹集部分资金，以弥补养老保险基金收支缺口或对困难群体缴费给予补助（比如德国）、提供最低养老金担保（比如智利），或者将一般税收支持的国民基本养老金作为养老保障体系单独的一个支柱（比如丹麦、挪威）。

就医疗保障制度而言，也存在以一般税收筹资为主和以专项社保税（费）筹资为主这两种模式。与养老保障制度相比，医疗保障制度中主要通过一般税收筹资的国家要明显多一些，比如发达国家中的英国、挪威、意大利、西班牙、澳大利亚等，发展中国家的泰国、斯里兰卡、马来西亚、巴

> ① 新西兰的养老金制度是全民普享的，南非的养老金制度虽然要进行家庭收入调查，但是调查的目的只是要把收入较高的很少一部分老年人排除在外，因此受益面也很广，大约近 90% 的老年人都可以领取到养老金，养老金水平约为人均 GDP 的 1/3，南非每年的养老金支出占 GDP 的 1.4% 左右，套用到我国进行计算的话，1.4% 的 GDP 有大约 3 500 亿元。

西等。其中的重要原因是，人们面临的疾病风险特别是大病风险具有不确定性，而养老则是绝大多数人将要最终面临的一个问题，因此，医疗保险缴费与可能获得的收益之间更容易产生不对应，通过专项社保税来筹集资金的难度更大。此外，养老保障制度中可以引入个人账户甚至以个人账户为主体来鼓励大家缴纳社保税（费），医疗保障制度中引入个人账户的意义则不大。

表 10 及表 11 分别给出了部分国家一般税收和专项社保税(费)在整个社会保障制度及医疗保障制度公共筹资中各自所占比重。

表 10：欧洲国家社会保障制度的公共筹资结构

国别	一般税收		雇主缴纳的社保税（费）		雇员缴纳的社保税（费）	
	1980 年	1994 年	1980 年	1994 年	1980 年	1994 年
丹麦	83	76	3	5	2	10
爱尔兰	63	61	15	15	11	15
英国	43	44	25	19	15	16
卢森堡	33	43	27	22	23	22
葡萄牙	25	37	45	30	19	21
意大利	24	34	41	32	14	16
德国	27	27	35	26	28	31
西班牙	16	30	50	40	19	18
法国	17	22	45	40	24	27
比利时	34	21	34	34	18	26
荷兰	21	14	32	14	31	48

注：因还有其他资金来源，因此三项相加之和不等于 100。

资料来源：转引自钟晓敏：《欧盟社会保障制度资金来源的比较研究》，载《财经论丛》2001 年第 1 期。

表 11：一些国家医疗保障制度公共筹资结构

	国别	社保税（费）占比	一般税收占比
主要通过专项社保税（费）筹资	法国	96	4
	荷兰	94	6
	德国	92	8
	捷克	89	11
	日本	83	17
	卢森堡	83	17
	韩国	77	23
一般税收和专项社保税（费）都发挥较大作用	阿根廷	57	43
	巴基斯坦	43	57
	秘鲁	43	57
	俄罗斯	41	59
一般税收筹资为主	菲律宾	23	77
	泰国	22	78
	西班牙	10	90
	印度尼西亚	9	91
	加拿大	2	98
	爱尔兰	1	99
	马来西亚	1	99
	意大利	1	99
	澳大利亚	0	100
	巴西	0	100
	丹麦	0	100
	新西兰	0	100
	英国	0	100

资料来源：OECD, *Health Data*,2003 etc.

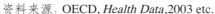

　　社会保障筹资渠道如何选择，受到政治、经济、社会多方面因素影响，同时也带有一定的偶然性。一般税收和专项社保税（费）两种筹资渠道各有其优点和缺点。一般税收筹资更容易体现公平性，而且可以统筹考虑对资本收入、劳动力收入和消费行为的征税问题，实现税制结构的综合平衡，避免劳动力税负过重的不利影响。但是它可能会对国家财政带来更大压力，这在经济不够发达的情况下表现得更为突出，而且不利于体现个人责任和促进个人工作积极性。专项社保税（费）筹资为社会保障制度建立了单独的资金来源，资金有了更加稳定的保障，也有利于根据国情循序渐进地推动社会保障制度建设。但是对灵活就业人员等群体而言，专项社保税（费）征收难度较大，且会给劳动力市场造成税费楔子，不利于促进就业。近些年来，面对国际竞争的压力，一些过分依靠社保税（费）筹资的国家开始逐步降低社保税（费）特别是雇主缴纳的社保税（费）的相对比重，以达到促进就业、留住国内资本和吸引外资的目的。比如，在 1980 年到 1994 年间，葡萄牙雇主缴纳的社保税（费）在社会保障筹资中所占比重从 45% 下降到 30%，意大利从 41% 下降到 32%，西班牙从 50% 下降到 40%，荷兰从 32% 下降到 14%。

表 12：两种筹资渠道各自的优缺点

一般税收筹资		专项社保税（费）筹资	
优点	不足	优点	不足
1. 一般税收筹资主导的模式通常与全民保障相联系，且保障水平通常不与收入水平挂钩，因而更容易体现公平性。 2. 可以统筹考虑对资本收入、劳动力收入和消费行为的征税问题，实现税制结构的综合平衡。 3. 不需要再专门开辟社保税，降低了筹资成本。	1. 在经济实力没有达到一定阶段的情况下，一般税收筹资可能会给国家和社会造成沉重负担，要么影响经济社会长期发展，要么社会保障政策落实不到位。 2. 由于享受待遇与个人缴费不直接挂钩，不利于体现权利与责任的对应关系。政府的直接责任较大。	1. 由于社会保障制度资金有单独来源，不用与其他公共支出项目竞争预算盘子，在经济和财政困难的情况下被大幅削减的可能性也小，因此筹资更加稳健，制度更有独立性。 2. 在专项社保税（费）筹资的制度下，政府扮演的角色可以更灵活些，在制度运行和管理中不一定冲在最前面，有利于引入和发挥社会的力量。 3. 有利于循序渐进地推动社会保障制度建设，避免给国力和财力带来过大压力。	1. 专门为社会保障制度开辟一个筹资渠道，会增加筹资成本。特别是对非正规就业人员和个体从业人员，筹资难度大。 2. 由于主要是对劳动力收入征收，可能会造成税费楔子过大、劳动力总体税负过重的情况，不利于促进就业。 3. 由于低收入群体的收入结构中以劳动力收入为主，财产性收入较少，因此，过多依赖社保税（费）筹资不利于促进公平。

我国养老保障制度和医疗保障制度 ① 所需资金主要通过专项的社会保险费来筹集，费基是参保对象的工资总额，与此同时，财政通过一般税收对养老保险基金的收支缺口给予适当补助，并对农民和城镇居民、关闭破产企业退休人员参加医疗保险所需缴费给予补助。2007 年，我国企业职工基本养老保险基金的总收入为 8 748 亿元，其中一般税收安排的财政补助收入 1 341 亿元，占 15.3%。近年来，社会保险费和一般税收这两大筹资渠道密切配合，较好地满足了我国社会保障事业发展的资金需要。但是也存在两方面比较突出的问题：其一，以社会保险费而非社保税的形式筹资，不利于增强筹资的刚性。从国际经验看，大多数国家都是开征社保税。其二，社会保障筹资过多依靠社会保险费这一渠道和工资收入这一费基（税基），既大大增加了劳动力成本，也不利于将社会保障制度向正规就业职工以外的群体扩展。因此，下一步有必要对社会保障筹资渠道进行调整和完善，更好地把握社会保障筹资中劳动力收入、资本收入和消费三大税基的关系，以及国家、雇主、个人各自的筹资责任。

2. 筹资水平

筹资水平在此主要是指社保税（费）率的高低，它与一国政策规定的社会保险待遇水平、退休年龄，以及人口结构、税费征管能力等多方面因素密切

① 我们这里主要是研究针对一般社会成员的制度，不重点涉及行政事业单位离退休制度。

相关，并直接影响到企业的用工成本和竞争力。税（费）率过低，无法较好地应对职工面临的老年、疾病、残疾、失业等风险，不利于保障他们的社会保险权益；费率过高，则会给企业造成沉重负担，也不利于增强个人的保障责任和发挥市场保障机制的作用。

目前，我国几项社会保险的缴费率达到 40% 左右，其中养老保险费率 28% 左右，医疗保险费率 8% 左右，失业保险费率 3% 左右，工伤保险费率 1% 左右，有的地区还征收了生育保险费。这超过了几乎所有亚洲、非洲、大洋洲和美洲国家社会保险制度的税（费）率，只是比法国、德国、奥地利、捷克、匈牙利、波兰、罗马尼亚等少数欧洲国家低一些 [1]。实际上，在国际社会保障协会调查的 172 个建立社会保障制度的国家中，有大约 55% 的国家社保税（费）率不超过我国社会保险费率的一半。就养老保险而言，日本为 14.64%，德国为 19.5%，法国为 16.7%，美国仅为 12.4%，而韩国更是低至 9%，而我国却高达 28%，如果考虑到以上国家的人口老龄化程度要比我国严重得多，那么我国养老保险费率偏高的问题就更加严峻。

之所以出现这种情况，有以下几方面的原因：一是由于其他保障机制不健全，政府承担了过多的养老保障等社会保障责任。二是退休年龄偏早且提前退休问题比较严重，增加了养老金领取者的人数和养老金支出水平。三是我国社会保险制度统筹层次偏低，社会保险基金难以跨统筹地区进行调

[1] 有的国家某些社会保障项目，如医疗，可能不是通过保险费而是一般财政收入筹资，会相应降低其社会保险费率。还有些国家因社会保险项目不全，比如没有失业保险项目等，也会使费率相应降低。但是，总的来讲，我国社会保险费率在世界上较高这一结论是成立的。

剂，不得不维持较高的缴费率来促进社会保险基金的收支平衡。四是就业形式更加多样化，缺乏有效措施将城镇大量灵活就业人员和个体从业人员以及进城务工人员纳入制度。五是缴费工资基数不实、瞒报缴费基数的问题比较突出。此外，费率过高一定程度上也是国有企业改革和市场化转轨过程中消化养老保险制度的历史成本造成的。

社会保险费率过高，大大增加了企业特别是劳动密集型企业的用工成本，也在一定程度上助长了部分法制意识不强的企业主逃避社会保险缴费的动力，损害了职工的合法权益。

表 13：社保税（费）率的比较

国家和地区	社保税（费）率			其中：养老保险	抚养比 %
	雇主	雇员	总计		
中国	29	11	40	28	40.8
美国	8.45	7.65	16.1	12.4	49
日本	13.02	12.22	25.24	14.64	50.8
德国	21	20.6	41.6	19.5	49.4
法国	35.1	9.9	45	16.7	53.3
英国	12.8	11	23.8		51.2
瑞典	23.4	7	30.4	18.9	53.1
韩国	7.94	7.19	15.13	9	38.6
俄罗斯	26.2	0	26.2	20	40.8
巴西	20	7.65	27.65		51
印度	22.36	13.75	36.11	29.6	59.7
南非	1	1	2	0	57
墨西哥	6.9	1.4	8.3	6.3	57
马来西亚	13.75	11.5	25.25	24	58.7

国家和地区	社保税（费）率			其中：养老保险	抚养比 %
	雇主	雇员	总计		
印度尼西亚	7	2	9	6	51
埃及	26	14	40	30	61.2
越南	17	6	23	15	53.8
中国台湾	8	2.67	10.67	4.95	41.2

注：1. 南非仅有失业保险一项社会保险制度，其他保障不是通过保险的
　　　形式。

　　2. 英国、巴西实行的是单一的社保税（费）率，不分具体项。

资料来源：美国社会保障署：《全球社会保障》。

3. 筹资层次

　　自 20 世纪 80 年代以来，为适应经济体制改革和社会形势发展的需要，我国对企业直接负担职工退休及医疗等费用的企业保障模式进行了改革，开始推动社会保障费用的社会统筹，并逐步提高了一些社会保险项目的筹资层次。其中，企业职工基本养老保险到 2009 年底将全部实现省级统筹。但总的来讲，我国各项社会保险项目的统筹层次仍然较低，基本医疗保险、工伤保险、失业保险等基本停留在县级或市级统筹。基本养老保险实行省级统筹的省份，也大多只是在全省范围内对养老保险基金进行调剂，而没有做到基金的统收统支。社会保险筹资层次过低，一是造成了不同地区社会成员之间社会保障待遇的不平等以及企业之间社会保险缴费负担的不平等，不利于为企业创造公平的竞争

环境。二是使劳动力在跨地区转移时的社会保险关系衔接和权益记录方面面临更多困难，对劳动力的自由流动造成了不必要的障碍。三是弱化了社会保险基金的抗风险能力。

　　从国际上看，社会保险特别是其中的养老保险和医疗保险实行全国统筹，是比较普遍的做法。比如，美国、英国、日本、加拿大及中东欧主要转型国家的养老保险都是全国统筹，波兰在2003年将原来省级统筹的医疗保险转变为全国统筹。当然，也有一些国家社会保险未做到全国统筹，如德国是由23个州级的养老保险局承办法定的职工养老保险，此外，海员和铁路职工的养老保险也是单独运作的。法国的养老保险制度更是十分繁杂，公共部门与私营部门、不同行业、不同就业形态（如雇员与自雇人员）、不同层次雇员（如一般职员与管理人员）之间的养老保险制度都存在一定的差异，各种制度多达538种，其中仅适用于公共部门职员的制度就有近100种。法国这种碎片化的保障模式是有特定历史背景的，也是其养老保险改革步履维艰的重要原因。实际上，法国政府也曾经试图建立统一的养老保险制度，但这种涉及多方利益的调整因受到工会和雇主的共同反对而难以实施，有时还酿成社会动荡。这是我们应认真吸取的教训。

4. 筹资结构

　　在此分析的筹资结构，主要是针对医疗保障制度而言，政府支出和私人支出在卫生总费用中的占比情况。一国卫生总费用中有多大比例来源于政府卫生支出（含社会医疗保险基金的支出，下同），有多大比例来源于私人卫生支出，私人卫生支出中又有多大比例属于个人自掏腰包（Out-of-Pocket，OOP），是分析和评价社会保障筹资问题时需要重点考虑的一项内容。如果政府卫生支出占比过高，会过分弱化个人在医疗保障制度中承担的责任，不利于控制医疗费用支出的不合理增长，不利于促进个人发展和坚持更加良好的健康行为，也会对政府财政造成沉重负担。如果私人卫生支出占比过高，特别是私人卫生支出中个人的OOP支出占比过高，就无法有效化解个人的重大疾病支出风险，不利于促进基本公共服务的均等化。

近年来，我国大力推动城镇职工基本医疗保险、新型农村合作医疗、城镇居民基本医疗保险、城乡医疗救助等医疗保障制度的建设，各级财政对相关医疗保障制度及农村卫生、公共卫生等工作的投入力度逐年明显加大，2007年与2002年相比，政府卫生支出占卫生总费用比重提高了近5个百分点，平均每年提高约1个百分点，卫生筹资结构朝着更加合理的方向发展。不过，无论是从理论上分析，还是与其他很多发达国家和发展中国家相比，我国的卫生筹资结构仍然不够合理，突出表现在政府卫生支出占卫生总费用的比重仍然偏低，私人卫生支出特别是OOP支出占卫生总费用的比重较高。从表14所示的2006年一些主要发达国家和发展中国家的卫生筹资结构中可以比较明显地看出这一点。大多数发达国家政府卫生支出占比都超过了70%，一些发展中国家如古巴、蒙古、博茨瓦纳、马拉维、泰国等也在60%

以上，而我国为 42%。根据世界卫生组织对近 180 个国家卫生总费用结构的统计，2006 年政府卫生支出占卫生总费用比重低于我国的只有大约 40 个国家。此外，由于商业医疗保险和补充医疗保险发展缓慢，我国的私人卫生支出主要是个人的 OOP 支出，占卫生总费用的比重达到 54%。相比之下，美国的政府卫生支出占卫生总费用的比重虽然和我国差不多，但是私人卫生支出中个人 OOP 支出占卫生总费用的比重只有 13%，大部分私人卫生支出是商业医疗保险等的支出。

表 14：政府卫生支出和私人卫生支出的比重

发达国家	政府卫生支出占卫生总费用的比重（%）	私人卫生支出占卫生总费用的比重（%）	卫生支出中腰包掏出占卫生总费用的比重（%）	发展中国家	政府卫生支出占卫生总费用的比重（%）	私人卫生支出占卫生总费用的比重（%）	卫生支出中腰包掏出占卫生总费用的比重（%）
捷克	88	12	12	古巴	91	9	8
英国	87	13	12	蒙古	84	16	13
丹麦	84	16	14	博茨瓦纳	77	23	6
日本	82	18	15	马拉维	72	28	8
瑞典	81	19	17	泰国	64	36	28
法国	80	20	7	俄罗斯	63	37	30
德国	77	23	13	津巴布韦	53	47	24
意大利	77	23	20	印度尼西亚	50	50	33
奥地利	77	23	17	巴西	48	52	33
西班牙	73	27	21	阿根廷	46	54	24

发达国家	政府卫生支出占卫生总费用的比重(%)	私人卫生支出占卫生总费用的比重(%)	私人卫生支出中腰包自掏出占卫生总费用的比重(%)	发展中国家	政府卫生支出占卫生总费用的比重(%)	私人卫生支出占卫生总费用的比重(%)	私人卫生支出中腰包自掏出占卫生总费用的比重(%)
加拿大	70	30	15	南非	42	58	10
澳大利亚	67	33	18	中国	42	58	54
韩国	55	45	37	越南	32	68	61
美国	46	54	13	印度	20	80	75

资料来源：世界卫生组织官方网站。

我国政府卫生支出比重偏低、个人卫生支出比重偏高的问题在今后几年内将会进一步得到较好解决。据统计，我国财政对卫生的投入从 2003 年的 831 亿元增加到 2009 年的 3 416 亿元（预算数），年均增长 26.6%，是增长幅度最大的财政支出项目之一。今后几年，为支持深化医药卫生体制改革，各级政府卫生投入力度会持续加大，加之覆盖全民的医疗保障体系基本建立且筹资水平会逐步提高，卫生筹资结构将逐步趋于合理。在 2009 年 7 月举行的第六届全球卫生总费用核算论坛上，有关专家预测，2014 年我国卫生总费用中政府和社会卫生支出将达到 70% 左右，个人负担的卫生费用比重将明显下降①。

① 我国的卫生总费用测算分为政府卫生支出、社会卫生支出和个人卫生支出三块，世界卫生组织的测算则分为政府卫生支出和私人卫生支出两大块。按世界卫生组织口径，我国的社会卫生支出中大多数进入政府卫生支出，少部分进入私人卫生支出。

综合以上分析简要小结：近年来

我国不断推进社会保障筹资机制建设，为社会保障事业的发展改革提供了必要的资金保障。但从国际比较看，我国在社会保障筹资方面还有不少需要调整和完善的地方，比如社会保险尚未费改税，弱化了筹资刚性；社会保障筹资过多依赖工资收入这一费（税）基；社会保险费率水平与我国经济发展阶段和人口年龄结构相比偏高，增加了劳动力成本，削弱了企业竞争力；政府的医疗保障等卫生支出在卫生总费用中占比仍不够高，且私人医疗卫生支出绝大多数为个人自掏腰包支出，不利于更好地化解社会成员患重大疾病时的支出风险等等。通过进一步健全社会保障筹资渠道、控制社会保险费率水平、提高社会保障筹资层次、调整社会保障筹资结构，建立更具刚性、更加公平、更有利于提升经济效率的社会保障筹资机制。这些都是今后我国社会保障发展改革中的一项重点和难点工作。

我国社会保障的国际比较：
管理体制

社会保障管理体制好比社会保障体系的神经系统。管理体制是否高效、顺畅，对社会保障制度的决策效率和运行效率有重要影响。下面我们主要从社会保障行政管理体制、社会保障具体经办模式和社会保险费征收体制三个方面对此进行分析和考察。

1. 社会保障行政管理体制

从国际经验看，社会保障行政管理体制主要有单部门统管、两部门管理和多部门管理等三种做法。如表15所示，实行单部门统管的国家有日本、俄罗斯、意大利、希腊、捷克、泰国、印度等；实行两部门管理的国家有西班牙、法国、斯洛文尼亚、哈萨克斯坦、爱尔兰、阿尔巴尼亚等，这类国家通常是将医疗保险（以及工伤保险）制度中对医疗服务补偿的监管职能交由卫生行政部门负责，医疗保险制度中的疾病津贴仍然由社会保障行政部门负责管理；实行多部门管理的国家有英国、美国、德国、瑞典、巴西、丹麦等。社会保障行政管理体制的确定与各国政治运行状况及其他方面具体国情有密切关系，一般并无定式。但总的来说，由一个部门统一管理各项社会保障业务，更有利于做好相关政策之间的协调，统筹推进社会保障制度建设，提高社会保障管理效率，这也是国外社会保障行政管理体制发展的趋势。比如，日本在2001年将厚生省和劳动省进行整合，组建了厚生劳动省，统一负责社会保障、就业和医疗卫生事务，仅就卫生领域而言，其职责即涵盖了我国卫生部、国家食品药品监管局、国家发展改革委的医疗服务和药品价格管理、人保部的医疗保险、民政部的医疗救助、国家质检总局的国境卫生检疫等部门的相关职能。俄罗斯的卫生与社会发展部也是2004年在整合卫生部和劳动与社会发展部的基础上组建的，统筹负责卫生、社会保障、劳动就业以及消费者权益保护等多项职能。

近年来，我国对社会保障行政管理体制进行了多次改革和调整。1998年将卫生部负责的医疗保险职责、民政部负责的农村社会保险职责、人事部负责的机构事业单位社会保险职责、劳动部负责的城镇企业职工养老保险和失业保险职责进行了整合，组建了劳动和社会保障部。2008年将国家食品药品监督管理局划入卫生部，将人事部与劳动和社会保障部合并组建人力资源和社会保障部等。目前，我国社会保障行政管理部门主要有人力资源和社会保障部、民政部和卫生部。其中，人力资源和社会保障部负责养老保险、医疗保险、失业保险、工伤保险等社会保险制度的管理；民政部负责城乡低保、城乡医疗救助、农村五保供养、自然灾害救济等社会救济工作以及社会福利工作的管理；医疗卫生服务市场的监管和新型农村合作医疗制度等则由卫生部负责。应该说，这种管理模式虽有不小进步但仍存不顺之处，在统筹推进社会保障体系建设，做好社会保障政策与就业政策、各项社会保障政策相互之间的衔接方面有不少可改进余地。比如，城镇职工基本医疗保险、城镇居民基本医疗保险、新型农村合作医疗和城乡医疗救助等医疗保障制度，分别由劳动保障行政部门、卫生行政部门和民政部门负责，既增加了制度的管理成本，也不利于各项医疗保障制度之间的衔接配套，更无法形成合力发挥第三方付费的作用来加强对医疗服务机构的制约。此外，最低生活保障工作与促进就业的职责分离，也存在影响政策效果的问题。因此，应进一步研究借鉴国际经验，按照大部门体制的模式适时分步推进社会保障行政管理体制改革。

表 15：社会保障行政管理体制的国际比较

类型	国别	养老	医疗	失业	工伤	家庭津贴
单部门	意大利	劳动与社会福利部	劳动与社会福利部	劳动与社会福利部	劳动与社会福利部	劳动与社会福利部
	俄罗斯	卫生与社会发展部	卫生与社会发展部	卫生与社会发展部	卫生与社会发展部	卫生与社会发展部
	日本	厚生劳动省	厚生劳动省	厚生劳动省	厚生劳动省	厚生劳动省
	泰国	劳动部	劳动部	劳动部	劳动部	劳动部
	印度	劳动与就业部	劳动与就业部	劳动与就业部	劳动与就业部	劳动与就业部
两部门	法国	卫生与团结部	卫生与团结部	就业与住房部	卫生与团结部	卫生与团结部
	哈萨克斯坦	劳动与社会保护部	卫生部	劳动与社会保护部	劳动与社会保护部	劳动与社会保护部
	爱尔兰	社会与家庭事务部	卫生与儿童部、社会与家庭事务部	社会与家庭事务部	卫生与儿童部，社会与家庭事务部	社会与家庭事务部
	斯洛文尼亚	劳动、家庭与社会事务部	卫生部，劳动、家庭与社会事务部	劳动、家庭与社会事务部	卫生部、劳动、家庭与社会事务部	劳动、家庭与社会事务部
	西班牙	劳动与社会事务部	卫生与消费者部、劳动与社会事务部	劳动与社会事务部	卫生与消费者部、劳动与社会事务部	劳动与社会事务部

类型	国别	养老	医疗	失业	工伤	家庭津贴
多部门	中国	人力资源和社会保障部	人力资源和社会保障部、卫生部、民政部	人力资源和社会保障部	人力资源和社会保障部	民政部
	德国	劳动与社会政策部	卫生部	劳动与社会政策部	联邦保险协会	家庭、老人、妇女、青年部
	奥地利	社会保障与消费者保护部、卫生与妇女部	卫生与妇女部	经济与劳动部	卫生与妇女部	社会保障与消费者保护部管理，税务部门发放
	丹麦	社会事务部	卫生部	就业部	就业部	消费者和家庭事务部
	英国	就业和养老金部	卫生部	就业和养老金部	就业和养老金部	国内收入局

2. 社会保障具体经办模式

就社会保障特别是社会保险的具体经办模式看，各国的做法主要有两种：（1）**政府经办模式**。政府部门既负责社会保障政策制定和监督管理，也负责社会保障业务的具体经办。比如日本，社会保险经办业务由厚生劳动省下设的社会保险厅负责，社会保险厅的工作人员是公务员身份，社会保险厅在全国有47个分支机构，分支机构又下设 265 个办事机构和 71 个养老金政策咨询中心。瑞典负责经办业务的社会保险局是卫生和社会事务部下设的 15 个局之一，它在地方设有 21 个分支机构，共有 230 个基层办公室，有工作人员 14 500 多人。挪威也是这种模式，而且计划在 2009 年将社会保险局直接并入劳工部，成立劳工保险部，国家社会保险局不再独立存在。（2）**社会经办模式**。这是一种"政事分离"或者叫"管办分离"的模式，政府只是进行政策指导和一般监督，由独立于政府的社会自治机构负责社会保险业务的具体经办，自治机构由雇主和雇员派代表组成的理事会（有些国家也有政府代表）进行管理。社会经办模式以德国等西欧国家最为典型，其他不少国家也有采用，它在完善社会保险制度运行的监督制约机制、提高社会保险管理效率、避免官僚机构过分膨胀方面有一定优势。近年来，不少国家在逐步推进社会保障的社会化经办工作。比如，1992 年，英国通过《社会保障行政管理法》，将原来设立在社会事务部内部的经办机构改组为脱离政府的独立公益组织。美国政府的老年人医疗保险（Medicare）和医疗救助（Medicaid）两大医疗保障制度的很多具体管理工作，也是由卫生和公共服务部下属的医疗保险和医疗救助中心通过政府购买服务的方式外包出去进行管理的，医疗保险和医疗救助中心将所需完成的工作分类细化并编码，给每一项工作明确定义并测算出工作量，并以此为依据与第三方签订承包合同，委托其开展这些管理工作，委托合同主要由美国的蓝盾计划和蓝十字计划承接。此外，日本在 2007 年社会保险厅丢失 5 000 多万份养老金缴纳记录的问题曝光后，通过了"社会保险厅改革相关法案"，

准备在 2010 年将社会保险厅解散，新建一个由非公务员组成的
"日本养老金机构"，以健全日本的社会保险管理体制。

我国的社会保障经办模式属于第一种，即政府经办模式。
人力资源和社会保障部、卫生部、民政部等社会保障行政部门分
别牵头负责相关社会保障政策的制定和监督管理，各项社会保障
业务的具体经办工作则由这些行政部门的下属机构负责。不过，
近年来，我国也在鼓励社会力量参与经办社会保障业务方面进行
了一些探索。比如，2008 年商业保险公司在全国 60 多个县市参
与了新农合试点工作。2009 年发布的《中共中央国务院关于深
化医药卫生体制改革的意见》进一步明确提出，要探索委托具有
资质的商业保险机构经办各类医疗保障管理服务。

3. 社会保险费征收体制

社会保险费征收体制在国际上大致可以分为税务征收、社
保部门征收和独立机构征收三种模式①，其中又以前两种模式为
主。社保部门征收方式以大多数西欧国家为代表；采用税务机关
征收方式的国家包括部分北欧国家、一些英语国家以及部分中东
欧国家；由独立机构征收的国家较少，
以法国最为典型，其社会保险费由"社
会保险和家庭补助征收联盟"（简称
URSSAF）负责征收。该机构是一个
具有私法地位的自治机构，由来自工

① 这一部分内容参考了郑
秉文和房连泉《社会保
障供款征缴体制国际比
较与中国的抉择》，载
《公共管理学报》2007
年第 4 期。

会、政府和雇主的各方代表成员参与管理。表 16 列出了实行税
务征收和实行社保部门征收的部分国家的名单：

表 16：社会保险费征收主体

税务部门征收	社保部门征收
阿尔巴尼亚	奥地利
阿根廷	比利时
澳大利亚	巴西
保加利亚	捷克共和国
加拿大	新加坡
克罗地亚	德国
爱沙尼亚	希腊
芬兰	印度尼西亚
匈牙利	日本
冰岛	墨西哥
爱尔兰	菲律宾
拉脱维亚	波兰
黑山共和国	葡萄牙
新西兰	韩国
荷兰	斯洛伐克
挪威	瑞士
罗马尼亚	乌拉圭
俄罗斯	马来西亚
塞尔维亚	
斯洛文尼亚	
瑞典	
英国	
美国	

从社会保险费征收体制的演变趋势看，社会保险费最初主
要是由社保部门征收的，从 20 世纪三四十年代开始，一些发达

国家为实现规模经济、降低征收成本、提高征收效率，开始转向税务部门征收模式，进入 90 年代以来，中东欧一些转型国家随着经济改革不断深入，也开始向税务征缴的方向转变，比如爱沙尼亚、拉脱维亚、克罗地亚、匈牙利、俄罗斯、斯洛文尼亚、乌兹别克斯坦、塞尔维亚等。从 2006 年开始，荷兰将雇员保险费的征缴工作从"雇员保险管理局"转移给税务部门。

在实行社保部门征收的国家，近年来也进行了一些改进征管的工作。一是在社保部门与税务部门之间建立合作机制。在比利时，灵活就业群体的征缴信息就是由税务部门向社保部门提供的，比利时对自雇者设定的保费征缴基数是三年工作期的收入额，由于自雇者工作经常变化和收入不稳定等因素，社保部门很难掌握其真实的收入水平，为此，社保部门借助税务部门提供的数据来计算这部分群体的缴费额。二是将多个社保部门分别征收不同险种的社保费改为由一个社保部门统一征收。比如，韩国在 2009 年 5 月由国会通过的法案规定，各项社会保险费从 2011 年 1 月起由健康保险公团统一征收。此前，养老保险费由国民年金公团征收，失业保险费由劳动福利公团征收，医疗保险费由健康保险公团征收 [①]。

我国社会保险费征收工作最初完全由社会保险经办机构负责。从 20 世纪 90 年代后期开始，为强化社会保险费征收力度，陆续有一些省市将这项工作移交给税务部门负责，形成了社会保险费双重征收主体的格局。有的省（自治区、直辖市）

[①] 韩国在卢武铉执政时期也曾经试图推动各项社会保险费由国税厅统一征收，因相关部门激烈反对未成功。

社会保险费征收由税务机关负责，有的省由社会保险经办机构负责，还有的省更是按照不同的社会保险项目分别由税务机关和社会保险经办机构负责，甚至出现同一个社会保险项目根据企业性质的不同，分别由税务机关和社会保险经办机构负责征收的情况。目前，由税务部门负责全部或部分项目社会保险费征收的省（自治区、直辖市、计划单列市）有20个。征收主体不统一，造成部门间执法尺度不一，增加了征收成本，降低了工作效率，给企业和个人缴费带来不便，还被一些企业利用进行选择性参保。我国这种双重征收主体并存的局面在世界各国中是很少见的，应尽快过渡到由税务机关统一征收各项社会保险费，这有利于形成多个部门在多个环节相互分工相互制约的良性格局，防止单一部门封闭管理可能导致的道德风险；可以充分发挥各部门"术业有专攻"的职能优势，提高管理效率；可以充分发挥现有机构和人员作用，以最小的体制成本换取最大的管理效用。

综合以上分析简要小结：近年来我国在整合部门职能、理顺社会保障行政管理体制方面迈出了较大步伐，在实行政事分开、推动社会保障的社会化经办方面进行了一些探索，在推动税务征收、建立更有效的社会保险费征管体制方面取得了一定进展，以上几方面改革的方向无疑是正确的，但与一些国家相比，还存在力度不够、没有完全到位等问题，有不少改进的余地。有必要进一步加大社会保障管理体制改革的力度，进一步降低我国社会保障制度自身的运行成本，提高社会保障体系的组织管理效率。

另外需要说明的是，由于社会保障体系非常复杂，可以从很多不同的角度来切入和研究，囿于篇幅，我们必然要有所取舍，只能围绕主要线索进行粗线条的对比分析。因此，无论对成绩的描述还是对不足的剖析，都不一定十分全面。特别是社会保障基础工作，本应专门进行比较分析，但鉴于数据搜集十分困难，未列专章。我们在充分肯定基础工作成绩显著的同时，要充分认识到社会保障基础工作仍然比较薄弱的客观现实，比如：信息化建设滞后，缺乏统一高效的管理平台，对缴费基数、缴费人数、支付项目和标准等缺乏科学、系统的动态管理；对社会保障资金特别是社会保险基金的预算管理有待进一步强化；社会保险基金相关的财务政策不够统一，社会保险基金专户管理不够规范等。在社会保障体系建设过程中，切实加强这些基础性工作是非常必要和迫切的。

我国社会保障进一步发展
改革的挑战和机遇

当前及今后一段时期，我国社会保障事业发展面临着一些社会和经济因素的严峻挑战，主要体现在社会结构三元化、人口结构老龄化、就业结构灵活化、分配结构不合理化和经济结构国际化等方面。这些经济社会因素有的是我国特有的，还有一些虽然是其他很多国家普遍面临的共性问题，但在中国表现得更加突出。只有妥善应对这些挑战，才能不断开创我国社会保障事业发展改革的新局面。

1. 社会结构三元化

城乡二元结构并存是发展中国家工业化过程中的必然现象。我国的特殊性表现在，当工业化进程迅速推进、大批农村剩余劳动力进入城市和非农产业就业时，户籍制度及与户籍挂钩的教育、社保、住房等制度改革相对滞后，导致工业化和城市化进程不同步，传统计划体制下的二元经济社会结构融合受到影响，形成了由农民、城市居民和农民工三类群体组成的三元社会结构。对此，应一分为二地看待。一方面，三元结构是一种社会进步，表明城市终于对普通农村居民敞开了大门，为其提供了更加广阔的发展空间。另一方面，农民工由于受现行户籍制度等一系列政策的限制以及劳动力技能等方面的不足，尽管离开了农村进城打工，但仍然无法真正融入城市。他们流动于城乡之间，"半工半农"、"半城半乡"，既非传统意义上的城镇居民，亦非传统意义上的农村居民，成为我国目前社会结构的第三元。据国家统计局调查显示，我国农民工总量约2.2亿人，其中外出农民工1.4亿人。与传统农民相比，农民工一样具有农村户口和农民身份，保留着承包的土地，大多还要在农忙季节返乡从事农业生产，但他们多数时间在城市就业，工资收入而非土地收入成为其主要收入来源，并已经成为产业工人的重要组成部分，面临着不同于农业生产的工业化风险。因此，单纯的"土地＋救济"保障模式已不能满足他们的需要。与传统产业工人相比，他们也在城市就业，从事非农业劳动，在生产方式和取得生活资料的来源上已经接近乃至相同于城市居民。但是，由于他们从事的职业具有较强的临时性、季节性、流动性或不确定性等特点，加之受户籍制度等因素制约，很难被全部纳入城镇社会保险制度，部分被纳入的，也存在不少亟待解决的矛盾和问题。因此，"工资＋保险"的保障模式对他们也很难全部适用。尽管收入较低、生活困难，农民工却与所在地城市居民面临基本相同的消费环境，也无法享受到当地的最低生活保障等社会救助政策。如果说城市和农村的二元对立已经使统筹城乡社会保障事业发展的任务非常艰巨，那么在三元社会结构的背景下，城市居民、农民工、农民三类群体的社会保障政策如何设计并做好相互之间的衔接，显然更加复杂。无论是将农民工纳入现行的城镇社会保障制度，还是纳入农村社会保障体系或是单独出台相关的社会保障政策都有很多问题。如果不对相关社会政策进行必要调整，以尽快消除这种三元结构，势必会对我国社会保障体系建设乃至经济社会的稳定健康发展造成严峻挑战。

2. 人口结构老龄化

改革开放以来，随着生活水平的迅速提高和医疗卫生事业的不断发展，人均预期寿命不断增加，而受生育政策调整、教育时间延长及社会观念变化等因素影响，生育率则明显下降，人口结构老龄化日益严重。特别是计划生育政策的实施，在有效减轻我国人口过多对资源和环境等压力的同时，也弱化了家庭的保障职能，使社会保障制度的建设更加迫切。中国的老龄化有以下几个明显特点，一是老龄化进程非常迅速，1982年，65岁以上人口占总人口的比重为4.91%，到2007年已经达到8.1%，25年的时间里提高了3.2个百分点，幅度为65%。而人口自然增长率则从1965年的2.84%下降到1990年的1.44%和2007年的0.52%，呈逐年明显下降趋势。我国人口年龄结构从成年型进入老年型仅用了 18 年的时间，法国完成这一过程用了 115 年，瑞典 85 年，美国 60 年，发达国家中最快的日本也用了 25 年。1999 年我国进入老龄社会以来，老年人口年均增加 311 万人，今后将以年均 800 万人的规模递增。据预测，我国 65 岁及以上老年人口比重由 7% 提高到 17% 最多只需要 40 年，也比发达国家快了 1 倍以上。二是"未富先老"。发达国家在进入老龄化社会时，人均 GDP 一般都在 10 000 美元以上，而我国进入老龄社会时人均 GDP 不足 1 000 美元。三是农村的老龄化问题更为突出。虽然我国农村人口预期寿命低于城镇人口，但是由于农村劳动力特别是青壮年劳动力大量流入城市，使得农村常住人口和农业劳动力的老龄化问题凸显。四是老龄人口的高龄化趋势明显。人口学将 80 岁以上的老年人称为高龄老年人口，我国高龄老年人口增长迅速，从 1990 年的 800 万增加到 2008 年的 1 805 万，今后将以年均 100 万以上的速度增长。五是空巢化趋势日益明显。2008 年，城市老年空巢家庭已达到 49.7%，农村空巢和类空巢家庭已达到 48.9%。

从表 17 对各国 60 岁以上人口占总人口比重所作的统计和预测也可以看出我国人口老龄化的严峻形势。到 2030 年，我国 60 岁以上老年人口占人口的比重将达到 23.8%，从绝对值看接近美国的水平，比其他发展中国家的平均水平高了整整 1 倍。从变化趋势看，2005 年到 2030 年间我国 60 岁以上人口占总人口比重将上升 12.8 个百分点，而美国上升 8.2 个百分点，发展中国家平均上升 4.8 个百分点，有的发展中国家仅上升 1.7 个百分点。我国人口老龄化的程度和速度都是发展中国家所罕见的。据预测，

2040 年以后我国人口老龄化速度才会明显减慢。我国 65 岁以上人口占总人口的比重 2020 年为 11.7%，2040 年将达到 21.5%，平均每年上升约 0.5 个百分点，而 2040 年到 2050 年间平均每年只上升约 0.15 个百分点。

表 17：人口老龄化比较

国别	老年抚养比（65 岁以上人口 /15—64 岁人口）%		60 岁以上人口占总人口的比重 %	
	2005 年	2030 年	2005 年	2030 年
中国	11	24	11.0	23.8
美国	18	31	16.6	24.8
发展中国家平均（不含中国）	8	12	7.1	11.9
印度	8	13	7.5	12.9
南非	7	12	6.6	10.2
巴西	9	19	8.8	17.4
阿根廷	16	21	13.9	18.0
印度尼西亚	8	15	8.3	16.0
土耳其	8	16	8.2	15.9
越南	9	16	7.6	15.9
肯尼亚	5	6	3.9	5.6
埃及	8	13	7.2	12.0
马来西亚	7	15	6.7	15.0

资料来源：联合国人口署。

人口老龄化意味着社会保障制度抚养比结构（也就是社会保障制度覆盖的退休人员数与在职职工数之比）的持续恶化，为社会保障制度做贡献的人口比例将越来越小，而依靠社会保障制度维持基本生活的人口比例将越来越大，这会削弱社会保障发展的财务基础，从减收和增支两方面影响社会保障制度的长期可持续性。2005 年，世界银行曾经就老龄化等因素对中国养老金制度长期财务状况的冲击进行过测算。测算结果表明，到 2075 年之前的绝大多数年份，养老金制度都处于收不抵支的局面。在基准情况下，用净现值计算的累计缺口将达到 2001 年 GDP 的 95%。如果通过提高缴费率的方式来弥补缺口的话，那么缴费率需要在目前的基础上提高 6 个百分点。在其他假设情况下，虽然具体结果有所差异，但是基本趋势是一样的。此外，由于老年人口的人均医疗费用相当于年轻人口医疗费用的 3—5 倍，人口老龄化也会大大增加医疗保障制度的支付压力。由于老年人面临更大的经济风险，人口老龄化也会增大社会救助制度的压力。

3. 就业结构灵活化

计划经济体制下，城镇从业人员基本上都是以受到国家严格控制的单位为依托，农村居民也被纳入集体经济组织，政府行使公共服务和行政管理职能有一个很好的平台，组织管理成本较低。改革开放以来，我国就业格局发生了重大变化，突出特点是灵活就业快速增长且势头不减。就业灵活化一方面与现阶段我国劳动力供求总量矛盾比较突出的形势有关，另一方面也是产业结构不断升级特别是工业社会向信息社会和知识社会逐渐过渡的必然趋势。在后工业化社会，现代大工业下那种标准化、集中化、重复性、有组织的福特式生产方式将越来越被以更具弹性、更有虚拟色彩的生产方式所取代，劳动力市场在工作时间、工作地点、工作数量、工作报酬等方面更加灵活，有的专家将其形象地称为"经济结构的转型击碎了产业工人大军"。初步估算，我国灵活就业人员约占城镇从业人员的40％，总人数在1亿人以上。这其中包括作家、自由撰稿人、翻译工作者、中介服务工作者等高层次的劳动者，但更多的是非全时工、临时工、季节工、劳务承包工、劳务派遣工、家庭小时工等一般劳动者。虽然灵活就业的存在不是我国特有的现象，但是由于我国劳动力数量庞大，加之城市化进程中农村剩余劳动力的不断释放，决定了灵活就业这一就业形式将在我国新增就业岗位中占有比其他国家更重要的地位，这对原本建立在工业化大生产和刚性就业基础上的社会保障制度提出了新的挑战：**第一**，灵活就业人员没有固定的企业为依托，只能以单个人的形式参保，而且按照现行政策规定，他们参加基本养老保险的缴费率也相对低些。因此，灵活就业的增多会加大社会保险制度的筹资成本和扩面难度，也不利于社会保险基金的收支平衡。**第二**，灵活就业人员的收入水平既不固定，也不具有连续性，核实相对困难，这将会增加最低生活保障、医疗救助等社会救助工作的管理难度。**第三**，对灵活就业人员而言，由于没有与企业形成长期固定的劳动合同关系，雇主对他们承担的保障责任有限，难以享受到企业提供的补充保险等福利待遇，因此灵活就业的增多也不利于补充保险的发展和多层次社会保障体系的形成，进而加大政府应当承担的保障责任。如何适应社会结构和就业结构的这一变化，是一个新的课题，需要我们认真研究。

4. 分配结构不合理化

　　社会保障制度的作用就是对一次分配进行必要的纠偏，以促进社会公平。但是，社会保障制度能够在多大程度上实现这一目标仍然在根本上受制于一次分配形成的收入分配格局。如果没有一个相对比较合理的初次收入分配格局为基础，试图主要通过社会保障等二次分配手段来达到"均贫富"的目的，是不太现实的。正如我在"上篇"分析福利国家产生的社会结构基础时曾指出的，在 1 ：2 ：3（甚至 1 ：2 ：8）的金字塔型社会中，要通过转移高收入群体以及中等收入群体的部分收入来将为数众多的低收入群体的生活水平明显托高，无论从经济承受能力还是政治可行性而言，都是很困难的。目前，我国的社会结构仍然是一个比较典型的金字塔型结构，中等收入阶层所占比重较低，低收入阶层群体规模过大。虽然按照我国标准贫困人口占总人口的比重已经下降到 5% 以下，但是如果按照人均日收入 1 美元或低于 2 美元这两个国际通用的贫困标准看，我国仍将分别有约 1.3 亿或 4.5 亿的人口属于贫困群体。我国高收入群体与低收入群体的收入差距在世界上也处于较高水平。中国占人口总数 0.4% 的富有人群拥有金融财富总量的 60%，而美国拥有 60% 金融财富的人口占总人口的 5%[①]。从表 18 有关基尼系数的国际比较中也可以看出我国收入分配

> ① 引自童星：《社会转型与社会保障》，中国劳动社会保障出版社 2007 年版，第 45 页。

差距还是比较大的，仅比巴西、阿根廷等国家好些，而巴西、阿根廷等国家的情况正是所谓"拉美陷阱"的真实写照。在20世纪六七十年代以来拉美等国家的经济高速增长期间，由于经济社会的畸形发展，不恰当的收入分配结构以及畸形的消费结构，导致社会出现"有增长、无发展"。一边是现代化急剧推进，一边是大多数人享受不到现代化成果，财富高度集中在少数人手中，中等收入人口比例小，失业人口多，贫困和绝对贫困人口较多，从而影响经济社会长期发展，最终导致经济增长的停滞。分配结构的不合理化，既加大了社会保障制度建设面临的压力，也增加了社会保障制度建设的难度。如果我们不能进一步转变经济社会发展战略以更加公平地分享改革成果，也有可能落入同样的陷阱，影响和谐社会的构建。

表18：基尼系数的国际比较

国别	基尼系数	国别	基尼系数
巴西	0.57	波兰	0.35
阿根廷	0.52	埃及	0.34
马来西亚	0.49	印度尼西亚	0.34
中国	0.47	法国	0.33
肯尼亚	0.43	加拿大	0.33
泰国	0.42	蒙古	0.33
美国	0.41	韩国	0.32
俄罗斯	0.4	罗马尼亚	0.31
印度	0.37	日本	0.25
英国	0.36	瑞典	0.25

资料来源：《2007—2008年联合国人类发展报告》。

5. 经济结构国际化

随着改革开放进程的不断推进，中国经济已经彻底告别了计划经济时期闭关锁国的局面，与全球经济日益融为一体，国际化程度越来越高，对外贸易和国外投资成为推动中国经济的重要动力。外向型经济在有效拉动经济增长的同时，也使社会成员面临的风险由国内风险扩展到国际风险，对我国社会保障制度的发展构成了严峻挑战。这主要体现在以下方面：

（1）强化了经济周期性波动的不可预见性，加大了及时调整和完善社会保障政策的难度。在经济周期的不同阶段，社会保障工作的重点和社会保障制度建设的具体思路应有不同的体现。经济国际化在促进长期经济增长的同时，也可能会加剧短期的经济波动，从而加大及时调整和完善社会保障政策的难度。2008 年由美国次贷危机引发的全球性金融危机就是一个非常明显的例子，这场金融危机的波及范围之广、传导速度之快和冲击力之强，可以说是始料未及。在全球金融危机的冲击下，上半年还具有过热倾向和通货膨胀风险的中国经济骤然失速，宏观调控取向由"双防"① 转变为扩大内需、保增长和防通缩。在经济周期性波动加剧的情况下，如何适应经济形势发展变化及时调整社会保障工作的思路，确保社会保障事业与经济发展之间的长期良性互动，

---

① 即防止经济增长由偏快转为过热、防止价格由结构性上涨演变为明显通货膨胀。

需要我们认真研究。

（2）强化了资本对劳工的讨价还价能力，使劳动者面临更大的收入波动和失业风险。由于资本的流动性远高于劳动力，因此，经济国际化进一步强化了"强资本、弱劳动"的格局，劳动者在就业关系中可能会处于更加弱势的地位，有的企业更借机不去落实职工的法定社会保障权益，劳动力特别是低端产业的劳动力将可能面临更大的收入波动和失业风险。如表19所示，改革开放以来，我国外贸依存度不断加大，目前已经达到66%，明显高于除德国以外的美国、日本、英国、法国等主要发达国家，也高于俄罗斯、巴西、印度等的水平。特别是我国的出口依存度，比美国、日本、英国、巴西、印度等要高得多。此外，与俄罗斯出口中能源占很大比重不同，我国出口产品中劳动密集型产品比重大，出口波动对就业影响甚巨。这些劳动密集型产品附加值和利润率很低，一旦遇到世界经济衰退、贸易摩擦加剧、人民币升值、原材料涨价、劳动力成本提高等因素冲击，相关企业和职工就将面临风险。企业的破产倒闭和职工的失业势必加大社会保障制度的压力。以纺织行业为例，我国2/3的纺织企业利润率平均只有0.62%，但关系到大约1 500万人的就业。2008年美国爆发金融危机后，我国企业特别是东南沿海企业对外出口受到较大影响，造成大批农民工因失去工作岗位而返乡。

表 19：主要经济大国的外贸依存度

单位：10 亿美元

项目	中国	美国	日本	德国	英国	法国	俄罗斯	巴西	印度
出口	1 218	1 162	713	1 326	438	553	355	161	145
进口	957	2 020	621	1 059	620	615	223	127	217
GDP	3 280	13 811	4 377	3 297	2 728	2 562	1 291	1 314	1 171
外贸依存度 %	66	23	30	72	39	46	45	22	31
出口依存度 %	37	8	16	40	16	22	27	12	12

（3）加剧了中国企业在国内市场和国外市场竞争的激烈程度。经济国际化使得国家对宏观经济的调控能力和对风险的控制能力减弱。社会保障因此也被置于全球经济竞争的大背景下，要求制度设计必须将维持和促进企业国际竞争力纳入视野。因此，从国家层面来看，社会保障体系建设必须更加重视在发展社会保障事业与提升国家经济竞争力、不断改进公民福祉与激发个人的工作积极性和创造力之间求得平衡点。

在清醒看到面临挑战的同时，也要看到，经过几十年的建设，我国社会保障事业已经具备了一个较好的基础，无论是与社会保障制度建设已经先行一步的发达国家相比，还是与其他很多正在推动社会保障制度建设的发展中国家相比，我国社会保障事业的未来发展还有很多机遇和有利条件，而且机遇大于挑战。

1. 科学发展观的指导思想与和谐社会的奋斗目标将为社会保障事业发展提供强大政治保障

在新的历史条件下，我们党明确提出要坚持以人为本，树立全面、协调、可持续的科学发展观，按照"五个统筹"来推进改革和发展，切实做到发展为了人民、发展依靠人民、发展成果由人民共享，并确立了全面建设小康社会和构建社会主义和谐社会的奋斗目标。我们正处在人均 GDP 水平 3 000 美元左右的关键时期，要避免在这一阶段易于出现的有增长、无发展，少部分人的现代化与多数人的贫困化结伴而行的"拉美陷阱"问题，必须坚持贯彻落实科学发展观，大力促进构建社会和谐。科学发展观是妥善应对我国经济社会发展关键时期可能遇到的各种风险和挑战的正确选择，社会和谐是中国特色社会主义的本质属性，是国家富强、民族振兴、人民幸福的重要保证。社会保障作为协调社会不同阶层和不同群体之间利益关系、促进社会公平的基础性制度安排，落实科学发展观对构建和谐社会具有至关重要的意义。因此，党中央提出要到 2020 年基本建立覆盖城乡居民的社会保障体系，努力使全体人民学有所教、劳有所得、病有所医、老有所养、住有所居。可以预见，在构建社会主义和谐社会的历史进程中，全党、全社会和全国各族人民对建立和完善社会保障制度的重要性会有更深刻的认识，社会保障事业的发展将获得更加强大的政治保障。

2. 对发达国家社会保障体系建设经验和教训的充分借鉴可以使我们少走弯路，制定更加科学的社会保障发展战略

发展经济学中有一个后发优势的概念，指的是发展中国家在实现经济现代化的过程中，通过借鉴发达国家现代化的经验教训、引进国外资金技术、学习先进的管理方法以及抓住发达国家产业结构的调整升级机遇等，可以少走弯路，缩短在黑暗中摸索的时间，以较小的代价取得更大的发展成就。其实，在社会发展领域，同样存在类似的后发优势。发达国家现代社会保障制度建设已有一百多年的历史，在健全保障项目、扩大覆盖范围及提高保障水平等方面都走在我们前面，在社会保障管理工作方面也有很多好的做法和经验，比如推动社会保障管理体制的统一化和社会保障经办服务的社会化等。此外，发达国家在社会保障发展过程中也走过一些弯路和过头路，特别是 20 世纪 70 年代以后出现了比较明显的"福利陷阱"问题，影响了劳动者的工作积极性和企业的国际竞争力，不得不花大力气进行改革，对此"上篇"做过简要和系统的考察。尽管国情、历史、文化不同，国外做法不宜简单比照，但是通过总结发达国家社会保障发展规律，反思发达社会保障建设中出现的问题，借鉴发达国家社会保障制度的成功经验，有利于我们制定更加科学的社会保障发展战略，在通过加快社会保障体系建设化解社会风险、促进和谐社会建设的同

时，控制好社会保障制度自身可能带来的风险，确保社会保障与经济社会和谐发展。

尽管把潜在的后发优势变为现实的发展成果还有很多前提条件，但这一可能性毕竟是存在的。日本、韩国等在社会保障制度建设中之所以没有像欧洲很多国家那样掉入"福利陷阱"，社会保障支出规模和待遇水平保持在比较合理的范围，固然有自身历史文化传统和政治社会背景等因素的作用，但也与其在一定程度上吸取了作为先行者的欧洲国家的经验教训息息相关。日本自民党在 20 世纪 70 年代出版的《日本型福利社会》中即明确提出，政府应抑制因"福利国家病"而出现的"肥大化"倾向，维持民间自助精神和活力。我国要促进社会保障事业的长期可持续发展，减少社会保障发展改革中的不必要失误，就应充分把握与发达国家相比的这一后发优势。

3. 未来中国经济的持续增长将为社会保障事业发展奠定雄厚的经济基础和财力保障

2009 年，我国国民经济总量居世界第 3 位。未来 30 年内，尽管中国经济难免会面临这样那样的风险，出现这样那样的波动，但只要我国政局保持稳定，改革开放持续推进，经济增长将仍然会领跑世界主要经济体，维持在一个相对较高的水平上。高盛公司发表的研究报告预测，按名义汇率计算，中国经济将在 2039 年超过美国。虽然可能言过其实，但是这一基本趋势却得到普遍承认。经济实力的不断增强，表明我们有能力动员越来越多的社会资源用于发展社会保障事业。目前，我国财政收入和社会保险费收入占 GDP 的比重不到 25%，而 OECD 国家平均在 36% 左右，随着我国经济的进一步增长特别是第二、三产业的迅速发展，财政收入占 GDP 比重还有提高的空间，这也有利于为社会保障事业发展筹集更多的资金。此外，改革开放以来，随着我国经济的快速发展，工业化和城市化步伐越来越快。第一产业就业人员从 1982 年的 68.1% 下降到 2004 年的 46.9%；农村人口占总人口的比重从 1982 年的 78.9% 下降到 2006 年的 56.1%，特别是 2000—2006 年间呈加速下降趋势。据预测，农村人口占总人口的比重到 2020 年将下降到 40% 左右，到 2040 年将下降到 20% 以内。这意味着将有越来越多的劳动力进入非农产业、进入有组织的正规部门就业，我们社会的"纳税人"所占比重将大大提高，这将为社会保障制度建设奠定更好的组织基础。

4. 市场体制的逐步完善将为多层次社会保障体系发展提供强大动力

在高度集权的计划体制下，政府是典型的"大政府"，职能无所不包，要管许多不该管也管不好的事，挤压了市场机制和社会力量发挥作用的空间。改革开放以来，经过多年努力，我们已经建立起了社会主义市场经济体制的基本框架。今后，市场经济体制的进一步完善将为社会保障事业发展和多层次社会保障体系建设提供更大的动力。**首先**，商业保险将继续保持快速发展势头，有效缓解政府保障机制"一头独大"的局面。2006 年国务院发布的《关于保险业改革发展的若干意见》明确提出，要大力发展商业养老保险和健康保险等人身保险业务，完善多层次社会保障体系。鼓励和支持有条件的企业通过商业保险建立多层次的养老保障计划。充分发挥保险机构在精算、投资、账户管理、养老金支付等方面的专业优势，拓展补充养老保险服务领域。大力推动健康保险发展，支持相关保险机构投资医疗机构。积极探索保险机构参与新型农村合作医疗管理的有效方式。通过加快商业保险等的发展，将政府承担的本可以由市场提供的保障职能逐步归还给市场，以更好地满足人民群众多层次的保障需求，提高管理效率和服务水平，减少社会保障制度对经济运行和激励机制的不利影响。**其次**，随着金融市场日益成熟，社保基金将获得更广泛的投资渠道，更好地实现保值增值的目标。目前，我国的社会保险基金滚存结余已经达到 14 092 亿元，其中养老保险基金结余 9 084 亿元，由于金融市场不够成熟，投资风险较大，因此只能存银行或购买国债，回报率有限。今后，随着我国金融市场的进一步发展、投资管理水平的不断提高和金融监管能力的逐步增强，社保基金的投资范围将得以适度拓宽，并获得更高水平的稳定回报，缓解社会保险制度面临的资金压力。此外，金融市场的发展也有利于减少企业年金和私营养老金基金的投资风险，增强这些保障计划对社会成员的吸引力。**第三**，随着全国统一的劳动力市场的建立以及劳动力市场运行机制的成熟和规范，市场机制在促进就业方面的主导作用将得到更好的发挥。

5. 社会力量的不断成长将为政府社会保障职能的调整和优化创造更好的环境

非政府组织是对市场保障机制和政府保障机制的有力补充。在社会转型的过程中，非营利组织等各类公益组织开始出现并不断发展壮大。据统计，从 2001 年到 2008 年，我国的社会团体和民办非企业单位分别从 12.9 万个和 8.2 万个增加到 23 万个和 18.2 万个，基金会从 2003 年的 954 家增加到 2008 年的 1 597 家。这些社会力量发挥作用的领域涉及科教文卫、劳动、民政、社会中介服务、环保、法律服务、农村专业经济等各个方面。党的十六届六中全会通过的《中共中央关于构建社会主义和谐社会若干重大问题的决定》明确指出，要推进政事分开，支持社会组织参与社会管理和公共服务，发挥各类社会组织提供服务、反映诉求、规范行为的作用。鼓励社会力量在教育、科技、文化、卫生、体育、社会福利等领域兴办民办非企业单位。发展和规范各类基金会，促进公益事业发展。这些重要决定，将为非营利组织等社会力量的发展提供更广阔的空间和更宽松的环境。近年来特别是汶川地震后广大公民支持公益事业发展的意识明显提高，也将为非营利组织和慈善事业的发展提供更强大的物质资源和人力资源保障。有理由相信，随着社会转型的进一步展开，自上而下的改革探索和自下而上的参与冲动将推动中国的各种非营利组织等社会力量越来越多地参与到各种社会事务和公共服务中去，从而为转变政府职能、推进社会保障管理服务的社会化创造更好的环境。

我国社会保障进一步发展改革的指导思想

　　走笔至此，我们对社会保障发展史的基本脉络有了一个基本的认识，对发达国家社会保障发展改革的经验和教训有了一个基本的了解，从国际比较的视野对中国社会保障制度建设的成就与不足、挑战与机遇有了一个基本的判断。这一切都是为研究如何推进我国下一步社会保障事业发展改革所做的必要铺垫。记得几年前在中央党校学习时，有同学与我讨论过"人民内部矛盾要靠人民币来解决"这一命题。我的答案是：有一部分可以靠人民币来化解，有一部分不可能靠人民币来化解，还有一部分在靠人民币来化解的同时会激化一些老的矛盾及派生出一些新的矛盾。因此，研究我国下一步社会保障制度的改革发展问题，要有明确的指导思想。我将其概括为以下八条：发展与改革同步，城市与农村统筹，公平与效率均衡，花钱与建制并重，基本与补充协调，权利与责任对应，立法与立德结合，近期与远期兼顾。具体来讲：

1. 发展与改革同步

　　与发达国家和前苏联东欧转型国家在基本完成社会保障发展任务后再进行社会保障改革不同，我国的社会保障发展和改革这两大任务并非相继的两个独立过程，而是交织在一起的。一方面，与发达国家相比，我国在社会保障项目健全程度、制度覆盖面、部分项目的待遇水平等方面仍然存在较明显的差距。因此，应随着经济实力和国家财力的增强，加快社会保障发展，进一步织牢社会救助这一社会安全网的网底，增强社会保险在社会保障体系中的主导作用，并结合我国国情发展适当的社会福利项目。通过实现救助、保险、福利之间的优化组合，以及逐步扩大保障面、增加保障项目、提高保障水平，使所有社会成员能够享有水平合理的基本生活和基本医疗保障。另一方面，面对经济体制转轨、社会结构变迁、人口结构老化、就业格局调整等因素的挑战和冲击，也要抓紧改革和完善社会保障制度模式、筹资机制和管理体制，增强社会保障制度应对不利冲击的能力，在努力增加社会保障制度收益的同时尽可能控制社会保障制度的成本，防止社会保障制度建设对中国经济的长期发展带来负面影响。不发展，无法实现社会保障覆盖的普遍性，无法保证保障水平的合理性；不改革，社会保障制度的可持续性会面临严峻挑战。只有妥善处理好发展和改革的关系，将深化社会保障改革和加快社会保障发展同步推进，才能更好地服务于中国构建社会主义和谐社会的大局。

2. 城市与农村统筹

城市和农村之间社会保障事业发展的差距是我国社会保障制度存在的最突出问题之一。进入新世纪以来，我国农村社会保障体系建设明显提速，但是总的来看，城镇社会保障和农村社会保障发展不平衡的局面仍然没有根本扭转。下一步要按照十七届三中全会关于加快健全农村社会保障体系的要求，更加注重社会保障体系建设中的城乡统筹。为此，一是将农村社会保障放在更加重要的位置加以考虑，将社会保障工作和财政投入的重点切实向农村适度倾斜。通过进一步扩大农村养老保障覆盖面、逐步提高农村医疗保障水平，缩小城乡社会保障发展水平的差距。二是要注意做好城镇相关社会保障制度与农村相关社会保障制度的衔接与整合。通过统筹考虑城镇居民医疗保险与新型农村合作医疗制度建设、城市医疗救助与农村医疗救助制度建设、城市居民最低生活保障与农村居民最低生活保障制度建设等，尽可能促进城乡社会保障体系模式和管理方式的统一。三是不能将统筹城乡简单理解为城镇与农村在社会保障具体制度设计和保障水平方面的完全整齐划一，而是要充分考虑城市居民与农村居民在生产生活等方面的差异 ① 。比如，与城镇职工相比，农村居民在参加社会保险方面可能更需要政府给予引导性支持；又如，城镇职工退休开始领养老金后，即与生产资料脱离，而农村居民却是拥有土地这一生产资料长久不变的承包经营权。我在"上篇"曾讲到，国外有些国家农民领取养老金是以转移经营权为条件的，我国农村养老保障制度建设与农村土地承包经营权制度之间的关系如何处理，也要结合具体国情进行认真研究。四是要高度重视农民工这一特殊群体的社会保障问题。正如我在前面讲到的，农民工"半工半农"、"半城半乡"，成为我国社会结构的第三元。如何解决好他们的社会保障问题，是统筹城乡社会保障事业发展的一个关键所在。

3. 公平与效率均衡

　　社会保障体系建设必须以促进公平为基本出发点，这是由社会保障制度的本质所决定的，否则就丧失了其赖以生存和发展的最基本价值。我们所说的公平，既包括群体间的公平，也包括地区间的公平；既包括代内公平，也包括代际公平；既包括对劳方

① 正如有专家讲到的，我国农村社保建设不能搞浪漫主义。"每一个阶层的保障水平终究由本阶层的收入水平决定，国家只能通过财政转移支付向穷人提供一种基本的保障"。"我们不能设想，国家能长期通过大规模的转移支付来确保就业不足的数亿农村居民能够享有与就业相对充分的城市居民一样的社会保障水平。毫无疑问，在广大农民的充分就业问题没有解决之前，他们的社会保障必然是低水平的。在这一点上，我们不能有丝毫的浪漫主义"。参见党国英：《农村社保建设不能浪漫主义》，载《中国改革报》2009 年 7 月 13 日。

的公平，也包括对资方的公平等等。社会保障体系建设同样不能忽视效率，只有通过提高效率来不断做大国民收入总量这块"蛋糕"，我们才有可能调动更多的社会资源用于群体之间、地区之间、劳资之间、代际之间的再分配，使社会成员更加公平地分享经济发展和社会进步的成果。而且，一个有效率的社会保障制度应该是能够利用尽可能少的社会资源来实现既定公平目标的制度。只有努力实现公平与效率的均衡，才能实现社会保障事业发展与提升国际竞争力的有机统一和良性互动。为此，一是要从宏观上准确把握社会保障的总体支出水平，使社会保障支出规模及其占 GDP 和财政支出的比例与我国经济社会发展水平和国家承受能力相一致。二是要从微观上合理确定社会保障投入的重点群体和重点项目，确保优先做到"雪中送炭"而非"锦上添花"，使同样数量的社保资金最大限度地发挥促进公平的作用。三是要统筹考虑专项社保税和一般税收等不同筹资渠道对经济运行的影响，并妥善把握社会保障筹资中劳动力收入、资本收入和消费三大税基的关系，努力降低社会保障制度对激励机制和经济效率的扭曲及对经济增长造成的潜在损失。四是要高度重视社会保障管理的效率，通过进一步理顺管理体制，完善经办模式，以有限人力、物力为人民群众提供更好的服务。社会保障的日常管理工作要充分运用市场机制，发挥社会力量的作用，提高运行效率。

4. 花钱与建制并重

社会保障事业是需要花钱甚至花大钱的，没有必要的投入为支撑，社会保障事业就会成为无源之水。通过国际比较也可以看出，虽然近年来我国社会保障投入力度明显增加，但是无论与发达国家还是发展中国家相比，都有一定差距。从客观上看，为进一步健全社会保障体系，随着经济的逐步发展，我们需要继续增加投入，合理提高社会保障支出占财政支出的比重。同时，也要防止另一种认识上的偏差，即只要舍得在社会保障方面花钱就可以摆平社会矛盾，从而忽略制度建设和机制建设。真正、持久的和谐必定以制度的和谐为前提，只花钱而不重视建立健全体制机制是无本之木。相反，没有制度和谐作为基础，花钱不仅可能买不来和谐，反而买来矛盾和问题。即使能够暂时买来和谐，也很难长久保持下去。在发展中国家中，巴西的社会保障支出占财政支出和GDP中的比例属于最高之列，但是其基尼系数同样也属最高国家之一。原因就是制度平台不合理影响了社会保障支出的效益①。因此，在加大投入的同时，我们务必要高度重视加强制度建设和机制建设，

① 比如，巴西的养老保障制度中公务员群体与企业职工的差距非常大。据统计，公务员平均退休金水平是企业职工平均养老金水平的6倍多。巴西公共养老金支出中，收入最高的20%的社会成员领取了65%。巴西医疗保障制度存在的问题我在《病与医》中也曾经进行过分析。因此，虽然社会保障支出很多，但是社会矛盾仍然较大。

并善于通过增加投入来推动制度、机制的建设，以促进社会和谐，不断提高社会保障支出的效率，保持各项社会保障制度运行的可持续性。

5. 基本与补充协调

政府主导的社会保障制度重在"保基本"，商业保险和慈善事业则是社会保障体系的重要补充。只有妥善协调好政府机制提供的基本保障和市场机制、慈善机制等提供的补充保障之间的关系，才有利于社会保障体系的良性发展。政府机制、市场机制和慈善机制各有长处，也各有缺陷。市场机制对经济运行效率的扭曲较小，但在实现公平方面作用受限。慈善事业建立在爱心、良心和同情心基础上，是非营利行为，不追求经济利益的最大化，不会像商业机构提供保障时那样面临比较严重的逆向选择和道德风险问题，可以做很多"市场不为、政府不能"的事情，促进社会公平，但是因慈善捐赠行为不具强制性且通常与宏观经济波动具有同步性，在经济不景气最需要捐款时，捐款反倒较少，因此难以成为现代社会居主导地位的保障方式。政府机制由于有国家的强制力作支撑，保障力度更大，也更能够促进社会公平和具有可持续性，但可能对激励机制和效率造成损害，再加上我国属于发展中国家的国情，因而政府的保障职能一定要明确为"保基本"，即为社会成员特别是其中的困难群体提供维持基本生活水平和解决基本医疗问题的保障，不能像有些福利国家那样将对个人的保障责任过度向政府转移。与此同时，政府还要为市场保障机制发挥作用提供尽可能有利的外部环境。通过充分发挥各种保障机制的作用，特别是合理界定政府和市场在社会保障领域的责任，建立起基本保障与补充保障协调发展的多层次社会保障体系，最有效地满足广大人民群众的保障需求。

6. 权利与责任对应

对社会保障的相关主体，无论是政府或个人、雇主或雇员、在职者或退休者、"强势群体"或弱势群体，都应强调权利与责任的对应。一些发达国家的社会保障制度之所以难以为继，被迫进行改革，一个重要原因就是在日益强调公民应享有的社会保障权利的同时逐步弱化了公民应当承担的相关责任。这些国家社会保障改革的一项重要内容也正是通过强化"以工作谋福利"等理念来实现权利与责任的重新匹配。当然，权利与责任对应并不是说对社会保障制度承担的义务和责任与能够享有的社会保障权利要在数量上完全对等，果真如此的话，社会保障也就不成其为社会保障了。强调权利与责任相对应，是说每个人和每个单位在按照规定享受社会保障制度的各项待遇时，也要按照规定履行好应尽的义务。比如，参加社会保险的单位和职工要按时足额缴纳社会保险费，不得瞒报缴费基数，不得违反规定实行提前退休，不得骗领养老金和医保金，企业不能因参加了工伤保险而忽视安全生产和工伤预防的义务等等。居民在申请低保前，应首先尽力通过就业机会等实现自救。享受低保等社会救助政策的家庭要按照要求提供相关证明、如实申报家庭收入、积极配合管理人员的入户调查工作、主动参加社区公益性劳动等。政府在享有征收专项社保税和一般税收权利的同时，就要切实履行好为公民提供社会保障服务职责的义务。

7. 立法与立德结合

要实现社会保障制度的高效有序运行，法制建设和道德建设犹如车之两轮、鸟之两翼，不可分离，具有非常重要的意义。社会主义市场经济本质上是法治经济，作为市场经济的重要组成部分，社会保障制度也必须建立在法制化基础之上，这是不言而喻的。从我们"上篇"对社会保障发展史的简要回顾也可以发现，从济贫法时期到社会保险制度的建立再到福利国家的兴起，发达国家推进社会保障制度建设，无一不是立法先行。只有通过立法将社会保障制度以法律的形式确立下来，才能使社会保障主体的权利、义务和职责明晰化，才能减少制度实施中的摩擦，使制度获得连续实施的生命力。目前，我国社会保障法制建设还应进一步加快步伐，以《社会保险法》、《社会救助法》等社会保障领域的基本法律来规范发展我国的社会保障事业。

同时，我们也不能忽视道德建设对社会保障事业发展的巨大作用，要将法律的规范作用和道德的规范作用有机结合起来。因为在很多情况下，法律毕竟只是为社会保障相关主体的行为标准设定了底线，很多行为难以纳入调节范畴，因此要注意充分发挥道德舆论对社会保障的激励和约束作用。社会保障领域道德建设的内容非常广泛，比如营造扶危、济困、助残、尊老、爱幼的社会道德氛围，弘扬劳动光荣、不劳而获可耻和自保自助的价值理念，乃至加强社会保障工作队伍自身的思想道德建设等等，这对于激发社会爱心、化解社会矛盾、降低社会保障法律法规的实施成本、促进慈善事业发展、避免社会保障的养懒汉现象等都具有非常积极的作用。

8. 近期与远期兼顾

社会保障事业发展改革要做到近期与远期兼顾，关键是把握好两个方面。一是既要制定社会保障中长期战略目标和发展规划，也要注意从眼前做起，分步实施，并做好每一步骤之间的衔接工作。只有加强长远规划，明确前进方向，才能事半功倍，避免一味埋头拉车却南辕北辙。只有扎扎实实做好眼前每一项工作，才能将规划展示的美好蓝图最终变为现实。二是要妥善处理好近期利益和远期利益之间可能存在的冲突。社会保障体系建设中，近期利益和远期利益很多情况下是基本一致的，但是也有可能存在冲突。特别是考虑到社会保障制度提供的各项福利待遇具有较强的刚性和不可逆性，短期内受到欢迎、在政治上可行的政策，从长期来看不一定是可行的，反之亦然。以提高退休年龄为例，随着生育率的下降和人口预期寿命的延长，逐步提高退休年龄对社会保险制度的长期发展是非常必要的，但是在近期内它又会对就业形势造成压力，对临近退休人员的利益造成影响，操作不当还可能影响社会稳定。如果维持现行退休年龄不变，那么将来一代人或几代人又势必会背负更沉重的税费负担，经济社会的发展潜力也会受到削弱。一斑窥豹，社会保障体系建设一定要兼顾近期目标与远期目标、近期利益与远期利益，切实将政策的近期效应评估与长期效应评估结合起来，准确把握好政策的调控取向、出台时机、推进速度和调整力度，确保社会保障制度既保国家平安和谐于一时，更保平安和谐于一世。

中国社会保障事业发展改革任重而道远！

下 篇

我国社会保障发展改革的一个目标

我国社会保障体系建设的主要内容可以概括为"一三五七"，即：紧紧围绕**"一个目标"**——建设有中国特色的社会主义民生社会。统筹规划**"三个阶段"**——按照近期、中期和远期来分步实施，明确各阶段社会保障发展改革的任务目标并做好衔接与协调。努力强化**"五大支撑"**——从奠定理念基础、加快法制建设、改革管办体制、完善筹资机制和强化信息服务五个方面，为社会保障发展改革提供有力支撑。逐步健全**"七大体系"**——健全养老保障体系，逐步使全体人民"老有所养"；健全医疗保障体系，实现城乡居民"病有所医"的目标；健全就业促进体系，使广大劳动者都能够"劳有所得"；健全救灾救济体系，使陷入贫困者"困有所助"；健全优抚保障体系，使优抚对象能够"奉有所优"；健全住房保障体系，使全体人民"住有所居"；健全教育保障体系，使全体人民"学有所教"。

对中国社会保障体系建设的蓝图描绘和战略规划截至2040年，主要基于以下考虑：

其一，目前我们已经走过改革开放的第一个 30 年，同时也是新中国成立后的第一个 30 年。从现在到 2040 年也是 30 年的时间，即改革开放的第二个 30 年和建国后的第三个 30 年。

其二，未来我国社会保障体系建设面临的最主要冲击之一就是人口老龄化。据有关方面预测，中国人口总量将在 2040 年前后达到峰值，老年人口增长较快的时期也主要发生在 2040 年前。2020—2040 年间，65 岁以上老年人口占总人口的比例平均每年上升 0.5 个百分点，即每年增加 700 多万人；而 2040—2050 年间平均每年只上升 0.15 个百分点，即每年增加约 250 万人。因此，如果我国社会保障制度设计能够确保顺利应对 2040 年之前的人口老龄化冲击，那么就可以较好地保证 2040 年之后社会保障制度的可持续性。

其三，再经过 30 年左右的发展，我国的综合国力、经济实力将明显增强，城市化、市场化程度也将前进一大步，将有条件、有能力更好满足人民群众的各项民生需求。

到 2040 年，社会保障体系建设的总体目标是建成**有中国特色的社会主义民生社会**。其主要特征可以概括为以下六点：（1）**覆盖全体公民——保障范围的普遍性**。实现社会保障制度对全民的普遍覆盖，这是衡量社会保障制度公平性的首要标尺，也是民生社会的基本要求。（2）**统一城乡制度——保障权益的平等性**。变与"身份"挂钩的社会保障政策为与"公民资格"挂钩的社会保障政策，农村居民和城镇居民之间、城镇内部不同群体之间及农村内部不同群体之间都能够享有基本平等的社会保障权益。（3）**消弭基本风险——保障力度的充分性**。保障水平达到当时中等发达国家的水平，保障项目"从摇篮到坟墓"，涵盖人生各个重要阶段、各个主要方面的基本需求，能够妥善化解每个社会成员特别是弱势群体面临的基本生存和发展风险，有效改善其生活质量。（4）**多方共担责任——保障形式的多元性**。政府将在为社会成员提供基本保障方面承担起更多的必要责任，政府责任到位而不越位。市场化保障支柱和慈善事业等更要有大的跨越式发展，既积极参与基本保障的提供，又在非基本保障方面发挥主要作用。个人和家庭的自我保障意识及保障能力得到较好发挥，雇主和单位在履行社会保险责任、提供补充保险和改善工作福利方面较好承担起责任。（5）**促进就业竞争——保障取向的积极性**。将促进就业、提升竞争力与增进福利有机统一起来。在社会成员的福利状况日益改善的同时，企业和个人创造财富的热情得到很好激发，有效避免劳动力参与率下降、失业率攀升、竞争力停滞等问题。（6）**科学管理服务——保障机制的有效性**。健全社会保障法制体系，使社会保障制度的运行有法可依。形成分工明确、责权对应，既相互协调又相互制衡的社会保障行政管理体制。建立起全国统一、标准一致，横向到边、纵向到底，与其他相关系统有机衔接的社会保障信息管理网络，为社会保障事业发展提供先进的管理服务平台。

我国社会保障发展改革的三个阶段

健全社会保障体系，建设社会主义民生社会，绝非朝夕之功，而是一项长期、艰巨的历史任务，应明确目标、统筹规划、分步实施。在明确社会保障体系建设总体目标的基础上，进一步区分为近期（2012年底前）、中期（2013—2020年）和远期（2021—2040年）这三个阶段。每个阶段需要完成的主要目标和任务概括如下：

1. 近期（2012 年底前）：能保则保，填平补齐，规划中期

一是扩大制度覆盖面。按现有政策规定能够被纳入社会保险、社会救助、住房保障、义务教育经费保障等各类保障制度覆盖范围的人群，要尽可能将他们纳入制度体系。以农民工等群体为重点，切实扩大相关各项社会保障制度的覆盖面，进一步加大职业培训和职业教育力度，加快解决其随迁子女的就学问题，提

高学前入园率。

二是填补制度空白。针对社会保障制度覆盖存在缺失的群体，研究制定将他们纳入制度覆盖范围的政策，针对相关保障政策需要改革的群体，改革完善其社会保障政策，使社会保障制度体系框架基本健全。这方面的重点是养老保障，具体包括：搞好新型农村社会养老保险试点；研究建立城镇无稳定收入居民和其他一些特殊群体的养老保障制度；推进事业单位养老保险改革；研究公务员养老保险制度改革问题。

三是提高保障水平。适当提高各项社会保障制度的保障水平，建立起更加科学合理的基本养老金、失业保险金、低保标准、优抚标准、住房补贴标准、困难寄宿生补助标准等各项社保待遇的动态调整机制。

四是加强资金管理。推进社会保险基金预算制度建设，进一步规范社会保障资金管理。加强资金使用的绩效考核，提高资金使用效率。

五是规划中期。在总结经验特别是对一些重大改革试点情况进行全面评估的基础上，提出2013—2020年社会保障发展改革的目标和任务。

2. 中期（2013—2020年）：应保尽保，协调整合，改革创新

一是应保尽保。养老保险、医疗保险、失业保险、工伤保

险等各项缴费型保障制度的参保率达到 90% 以上。机关事业单位养老保险制度全面建立。所有需要救助的困难社会成员都能够通过社会救助体系得到水平比较合理的必要救助。符合条件的成员都能够被住房保障体系覆盖，进城农民工住房条件得到明显改善。义务教育均衡发展取得实质进展，部分地区高中教育和学前教育实现义务教育。

二是协调整合。中期社会保障的全民覆盖，还只能是立足于城乡二元社会，通过多元化的社会保障制度实现。但是要加强同一制度不同群体、同一群体不同制度间的统筹协调，增强制度体系统一性和衔接性的步伐应尽可能加快。比如，打通城乡，允许城乡居民在一个制度框架内自愿选档参加基本养老、基本医疗等保险制度。城乡医疗救助与基本医疗保险、新农合等制度的衔接更加科学顺畅，管理体制实现统一。做好就业促进工作与最低生活保障工作的衔接。将经济适用房政策整合进廉租房政策。此外，中央政府对不同地区社会保障政策的协调力度进一步加强，对一些必要的社会保障项目，由中央政府建立起待遇水平全国统一的基本保障 A 支柱，同时允许地方政府根据当地情况建立基本保障 B 支柱。

三是改革创新。在社会保障制度体系基本健全的情况下，加大改革创新力度，提高社会保障体系运行效率。包括对基本养老保险制度进行结构性改革，并提高其他社会保险统筹层次；开始提高退休年龄；改革优抚安置管理体制并推动货币化安置；进一步健全社会保险基金预算，将各类缴费型保险制度全部纳入社会保险基金预算编制范围；实行社会保险费改税改革；完善房地产税；探索推进住房反向抵押贷款；创新支持补充保障发展的政策措施；推动社会力量经办社会保障，促进多层次社会保障体系的发展；等等。

3. 远期目标（2021—2040 年）：适度福利，待遇均等，体系完善

一是社会保障体系的福利性得到适度体现。针对老年人、儿童、妇女、残疾人的保障政策基本健全，普享型福利项目进一步增加，福利性支出在社会保障支出中所占比例进一步提高；社会救助支出在社会保障支出中所占比例渐小。医疗保障制度的报销范围和报销比例大大增加，对绝大多数社会成员而言，大病医疗费用已不再构成实质性支出负担。社会护理保险制度全面建立。高中教育和学前教育全面实现义务教育，完成 9 年义务教育向 15 年义务教育的转变等等。

二是社会保障待遇基本实现城乡均等化和区域均等化。养老保险、医疗保险及社会福利和社会救助制度及保障水平基本实现城乡一致。城乡居民在居住环境和住房条件方面的差距大大缩小。全国范围内较好实现义务教育均等化的目标，科学解决高中、职业教育、大学教育的结构问题。在经济发展水平更加趋同的情况下，由中央政府统一确定不同地区居民享受的基本保障水平，各地政府不再实行地方性的基本保障政策，差异性的社会保障需求主要通过补充保障层次解决，基本公共服务均等化目标较

好实现，社会保障制度公平性大大提高。

三是多层次的社会保障体系比较完善。政府、市场和个人在社会保障领域的责任调整到位，得到比较清晰、合理的界定，形成分工比较合理的多层次社会保障体系。市场机制在提供保障方面的作用大大增强，私营养老金基金和商业医疗保险得到较大发展，所占比重有明显提高。

我国社会保障发展改革的
五大支撑

　　加快社会保障发展改革，是为了保障和改善民生。社会保障自身也需要从奠定理念基础、加快法制建设、改革管办体制、完善筹资机制和强化信息服务五个方面加以保障，提供强大支撑，这是社会保障事业长期持续健康发展的前提和基础。

1. 奠定理念基础

　　理念是实践的先导，是社会制度背后的核心动机。一个科学的社会制度背后必有相应科学的理念；一个没有理念的社会制度只能是经验主义、功利主义和缺乏精神追求的乌合规范集。如果理念科学合理，简单粗糙的制度可以不断完善，成为一个优良的制度；而没有科学理念，或理念错误的社会制度永远无法成为良善制度。社会保障制度建设是否能够产生预期的积极社会功

能，很大程度上取决于制度背后的理念是否先进和符合实际，以及能否在这种理念指导下设计出科学合理的具体政策措施。因此，社会保障制度的不断发展特别是历史性跨越的实现，通常以理念的发展变革为前提和基础。如 1942 年英国的《贝弗里奇报告》，提出了社会保障的普遍性原则、保障基本生活原则、统一原则和权利与义务对等原则，使社会保障理念发展到新的高度，为二战后西方发达国家社会保障制度的大发展奠定了思想基础。我们在推进社会主义民生社会建设的过程中，也要注重培育与此相适应的社会保障理念，为社会保障发展改革凝聚更广泛的共识，尽可能降低制度变革在意识层面的阻力。就社会保障发展改革的理念基础，需要着重强调以下几点：

一是要坚持公平正义的理念，使社会保障充分发挥促进基本公共服务均等化的职能。公平正义是社会保障制度的核心理念。在市场经济条件下，贫富差距和社会分化在所难免，社会保障的功能就是要建立起社会分化的消解机制和发展成果的分享机制，调节第一次分配所形成的社会差别，保证社会的成员收入差距始终维持在能接受的范围内。

二是要坚持以人为本的理念，凸显社会保障的人道主义精神。可以说，人道主义精神是社会保障的灵魂，是社会保障制度必须坚持的基本伦理道德原则。体现以人为本的理念，意味着我们应更突出社会保障的目的性而非手段性，不宜仅仅将社会保障视为维系社会稳定的保护伞和安全网，当作经济运行的减压阀和减震器，而应将满足人的需要，促进人的幸福，重视人的价值，维护人的尊严，作为社会建设的根本宗旨和基本出发点。

三是要坚持自强自立的理念，始终注意调动个人的自我保障责任。有一个小寓言：一名虔诚的佛教徒遇到了难事，便去寺庙里去求拜观音，意外发现观音像前已经有一个人在拜，那人长得和观音一模一样。"你是观音吗？""是的"，那人回答。"那你为何还拜自己？"佛教徒不解地问。"因为我也遇到了难事"，观音笑道，"可我知道，求人不如求己"。中华民族自古就有自强自立的优良传统，所谓"天行健，君子以自强不息"，所谓"自助者天助之"。在社会保障相当落后的古代社会，固然非常需要这种自强自立的精神；在社会保障不断完善的今天以及更加健全的明天，虽然社会成员将越来越能够免于基本生存的风险，我们仍应坚持并光大这一精神。在大力强化政府基本保障职能的同时，始终强调自强自立的理念，注意调动个人的保障责任和主观能动性，确保个人履行应尽的责任和义务，鼓励他们发挥自身的积极性和创造性来克服困难、改善生活，国家在此基础上更好地承担起兜底保障责任。两者之间不仅并不矛盾，而且相辅相成，发达国家在社会保障制度改革中，努力推动"消极保障"向"积极保障"的转变，也是为了更好地协调二者关系，促进社会的持续发展。

四是要坚持弘扬家庭伦理，特别是在去芜存菁的基础上弘扬传统孝文化理念。现代社会保障制度无论如何发展，都不会、也不应该完全取代家庭的保障职能，无论在精神层面还是物质层面。传统孝文化所提倡的"养父母"，是家庭伦理道德的基础，对整个社会也有强烈的辐射功能。即使在社会保障体制非常完善的将来，孝文化强调的"父义、母慈、子孝、兄友、弟恭"也是社会所需要的，因为它是一种人伦亲情和人文主义关怀，有利于促进家庭这一社会基本细胞的稳定和谐，而家庭稳定和谐是社会和国家稳定和谐的重要基础。尽管随着社会保障体系的健全，家庭保障功能会相对弱化，客观上也可能会对家庭的凝聚力产生不利冲击，但越是在这种情况下，越要注意将健全社会保障体系与弘扬家庭伦理同步推进，以全面促进社会和谐。一位在美国工作的同学告诉我，他曾主动替父母缴纳养老保险费，但经办机构认为你是你而他们是他们，因此不予办理。中国在推进社会保障体系建设的进程中，不能走到这条路上去。在新型农村社会养老保险试点中，国家规定农村老年人在其子女参保缴费的情况下可享受基础养老金，正是为了弘扬家庭伦理和积极向上的孝文化。下一步解决城镇居民养老保险问题时，也应如此办理。

五是要大力倡导慈善理念。在我国，大力倡导慈善理念，最重要的有两点：一是要树立现代财富伦理观，弱化人们"福荫子孙"的传统观念及对财产代际继承的崇拜。美国著名慈善家詹姆斯·斯托尔斯说，如果给孩子们留下巨大的财富，让他们甚至连早晨早起的理由都没有，那我们就害了他们。比尔·盖茨和沃伦·巴菲特不仅已经为慈善捐赠了巨额资金，在各自立下的遗嘱中，分别宣布要将全部财产的98%和99%捐赠出来用于社会公益事业。树立现代财富伦理观，不仅有利于慈善事业的发展，也有利于弘扬通过个人努力创造财富的精神，促进经济发展和社会进步。二是要树立全民慈善意识。进行慈善捐赠不是富人的专利，而是每个社会成员的责任；慈善捐赠不是捐赠者的施舍和恩赐，捐赠者和受助者在人格上是平等的。释迦牟尼有言，一个人即使没有钱，也可以给予别人七样东西：一为颜施，即用微笑与别人相处；二为言施，即用语言给别人以安慰、鼓励、赞美等；三为心施，即敞开心扉待人以诚恳；四为眼施，即以善意目光看别人；五为身施，即以行动去帮助别人；六为座施，即乘车坐船时将座位让与老弱妇孺；七为房施，将自己的房子提供给别人休息。也就是说，每个人都是有能力、有机会行慈善之举的。我们要在中华五伦的基础上倡导"第六伦"，即对陌生人的伦理，通过进一步加大对慈善事业、慈善意识、慈善行为、慈善政策宣传的力度，在全社会树立起团结互助、和衷共济、扶危济困、平等友爱的良好风尚。

2. 加快法制建设

社会学理论认为，理念和规范都是构成社会制度的最基本要素之一。如果说理念是制度的内在精髓和灵魂，那么，规范就是社会制度的存在方式和具体内容，是理念的外化和凝固。理念与规范，一内一外，共同体现社会制度的存在。社会保障制度的规范，通过健全的法制体系才能够加以体现。如我在"中篇"提到的，回顾社会保障制度发展史，一个明显特征就是立法先行，通过法律的强制性、规范性来保证各项社会保障改革措施的顺利推进。无论是德国俾斯麦政府在 19 世纪 80 年代建立社会保险制度，还是美国罗斯福政府在 20 世纪 30 年代推动社会保障制度变革，乃至奥巴马政府推动医疗改革，莫不如此。改革开放以来，适应市场化进程和构建和谐社会的需要，我国社会保障体系建设取得长足进展，但社会保障法制建设却相对滞后，长此以往，不利于社会保障制度的稳定、健康、持续发展。因此，有必要加快立法步伐，建立起完善的社会保障法律体系。

近期（2012年底前）：主要是出台《社会保险法》、《社会救助法》和《基本住房保障法》

《社会保险法》和《社会救助法》是社会保障领域的两大基本法律，《基本住房保障法》对推动住房保障体系建设具有重要意义。全国人大对《社会保险法》高度重视，在八届全国人大期间就将其列入立法计划。随着社会保障体系建设步伐的加快，2003年，审议《社会保险法》被十届全国人大确定为五年立法规划的重点工作。2007年底，《社会保险法（草案）》由国务院正式提交全国人大审议。审议过程中，有关方面对社会保险制度建设中的一些重大问题，如社会保险统筹层次、机关事业单位养老保险政策、社会保险基金管理体制、社会保险费征收主体等存在分歧，《社会保险法（草案）》一些条款的规定或失之含糊，或争议较大，加之这是一部社会保障工作的基本法，非常重要。因此，全国人大高度重视，目前已经三读，并根据有关方面意见对草案做了进一步修改，即将进行四读。此外，《社会救助法》目前正在抓紧起草，《基本住房保障法》也已于2008年被列入十一届全国人大五年立法规划。为进一步推动立法工作，应在以下几方面统一认识：（1）制定出台《社会保险法》、《社会救助法》和《基本住房保障法》，对推动和规范社会保障体系建设，实现 2020 年基本建立起覆盖城乡居民社会保障体系的目标，具有重要意义，且目前的时机已经基本成熟，因此，有必要"倒排工期"，进一步加大工作力度。《社会保险法》应争取在 2010 年出台，《社会救助法》应力争在 2010 年由国务院提交全国人大审议并在 2011 年出台，《基本住房保障法》应力争在 2011 年由国务院提交全国人大审议并在 2012 年出台。（2）对立法中存在意见分歧的重大原则性问题，务必要明确下一步发展改革的基本方向，不宜简单采取绕过去的办法。否则，即便法律出台，实际效果也会大打折扣。同时，在具体条款的措辞方面，也要给制度和政策的调整留下必要的时间、空间和接口。(3) 在我国社会保障制度尚未定型、仍需不断完善的情况下，《社会保险法》和《社会救助法》重在规范社会保障体系的主要原则、基本框架和发展方向，不宜过多设计制度建设的具体细节，这方面的内容可在下一步根据《社会保险法》和《社会救助法》制定"实施条例"和今后的相关社会保障法规中体现。

中期（2013—2020 年）：主要是制定《慈善法》，修订《义务教育法》，健全完善社会保障领域相关项目的具体法规

一是制定出台《慈善法》，明确慈善事业的性质、定位、管理运行的基本准则及各方面扶持政策，为加快慈善事业发展营造良好的法律环境。二是修订《义务教育法》，明确将义务教育逐步扩展到高中阶段和学前教育阶段的目标，为远期前半阶段全面实现此目标提供法律保障。三是在《社会保险法》和《社会救助法》的基础上，进一步健全和细化相关的法规，并根据社会保障体系建设的发展思路和进展情况适时修订有关法律。具体来讲，就是要研究制定《城镇职工基本养老保险条例》、《城乡居民基本养老保险条例》、《城镇职工基本医疗保险条例》、《城乡居民基本医疗保险条例》、《医疗救助条例》、《城乡低保条例》、《社会保险基金管理条例》、《义务教育经费保障条例》等法规，其中有条件的可进一步上升到法律的层次。

远期（2021—2040 年）：建成完备的民生社会法律保障体系

社会保障法制建设的主要任务：一是随着社会保障制度的不断完善和成熟相应修订完善有关的法律法规。二是在制度基本定型的基础上，制定出台一部综合性的《社会保障法》，对社会保险、社会救济、社会福利、优抚安置、慈善事业等各项社会保障制度加以系统、详尽、全面的规范。

3. 改革管办体制

"中篇"对此进行了分析和国际比较。近期、中期和远期应抓好以下工作：

近期（2012 年底前）：努力整合社会保障经办资源，改善社会保障经办管理体制

一是鼓励有条件的地区整合基本医疗保障经办管理资源，理顺医疗保障行政管理体制。在有条件的地区，积极推动由人力资源社会保障部门对新农合、城镇居民基本医疗保险、城镇职工基本医疗保险等各项医疗保障制度的统一管理和对医疗保障经办机构的统一监管；探索建立统一的经办机构和经办平台，具体经办城镇职工基本医疗保险、城镇居民基本医疗保险和新型农村合作医疗等各项医疗保障业务；同时进一步强化卫生行政部门对医疗机构和医疗服务市场的监管职能。二是积极推动商业保险机构具体经办医疗保障等社会保障业务。商业保险公司可以受社会保险经办机构委托承担医疗费用审核报销、医疗行为管控、参保人健康管理、基金运行预警分析等工作并收取一定的管理服务费用，为此要进一步明确各类委托业务的具体操作办法，如承担各项业务的商业保险公司的资质要求、管理责任、服务收费、退出衔接办法等。在有条件的地区，还可积极探索商业保险公司直接提供政府医疗保障产品，由政府确定标准化的医疗保障产品（筹资标准、保障项目、待遇支付标准），参保人可在社会保险经办机构、商业保险公司及不同商业保险公司间进行选择。三是加强就业服务机构与城乡低保经办管理机构的合作，实现信息共享，使低保政策与促进就业政策更有效衔接。

中期（2013—2020 年）：按照集权与分权相统一的原则，建立起运转高效的社会保障行政管理体制

在改革完善社会保障行政管理体制时，如果一味强调部门集权，虽然有利于提高行政效率，但是不利于建立监督制约机制，容易造成部门利益膨胀，损害广大社保对象的利益。如果一味强调分权，则可能带来部门间的推诿扯皮，社会保障政策议而不决以及各项政策间缺乏衔接配套的问题会比较突出。因此，社会保障管理体制应坚持集权和分权相统一的原则。

一是继续推进社会保障领域的大部门管理体制改革，逐步将社会保障领域的多个业务主管部门统一为一个业务主管部门。目前的社会保障行政管理体制不够统一，人力资源社会保障部主要是负责社会保障体系中的社会保险制度，社会优抚、社会救助和社会福利等工作由民政部门负责，新农合由卫生行政部门负责，特别是医疗保障体系中城镇职工和城镇居民基本医疗保险由人力资源社会保障部门负责、城乡医疗救助由民政部门负责、新农合由卫生部门负责的管理模式，既难以更好地发挥医疗保障经办机构作为第三方付费者对医疗服务机构的制约能力，也不利于做好各项制度之间的衔接、配合和提高基金的使用效益，还可能会造成参保的"死角"或重复参保问题。因此，中期要在整合社会保障行政管理体制方面迈出实质步伐。第一步是统一医疗保障管理体制，由一个部门负责城镇职工和城镇居民基本医疗保险、城乡医疗救助以及新农合等城乡各项医疗保障事务。第二步是实现对社会保险、社会救助、社会优抚、社会福利等各项社会保障事务的统一管理。第三步是建立起卫生和社会保障部，实现卫生行政部门负责的医疗卫生管理、人力资源社会保障部门负责的社会保险和就业管理及民政部门负责的社会救助等职能的整合，牵头统一制定各项社会保障业务政策。

二是推动建立起社会保障部门负责政策制定、经办机构负责业务执行、税务部门负责社保税（费）征缴、财政部门负责社会保障资金管理、审计部门负责社保资金监管的管理模式。通过建立纵向分权、相互监督制约的管理模式，有利于从多视角对社会保障政策的科学性合理性进行评估，有利于解决政策制定过程关注部门自身利益而影响公共利益的问题，有利于促进社会保障资金管理的规范性、安全性和透明度，确保社会保障事业的科学发展和维护好广大社保对象的切身利益。

远期（2021—2040 年）：主要是大力推动社会保障领域的政事分离，全面实现社会保障经办管理服务的社会化

如"中篇"所言，通过实行政事分离，由政府将社会保障的具体经办服务工作外包或委托给社会中介机构、商业保险公司等社会力量或市场主体负责，有利于提高社会保险管理效率、完善社会保险制度运行的监督制约机制、避免官僚机构过分膨胀，是近年来社会保障管理改革的一个趋势。在近期探索和中期继续推进的基础上，远期要全面实现社会保障经办管理服务的社会化。

4. 完善筹资机制

资金筹集和管理机制是社会保障制度的财务基础和物质保障。能否以科学方式筹集社会保障事业发展所需资金，并有效地管好用好这些资金，对社会保障制度的高效运行和持续发展至关重要。"中篇"从筹资渠道、筹资水平、筹资层次和筹资结构四个方面，对我国的社会保障筹资问题进行了分析和国际比较，指出了我国在社会保障筹资方面需要改进的几个方面，比如费率偏高、费基偏窄、筹资层次偏低、筹资方式的公平性和刚性不足等。此外，我国的社会保障资金管理也还存在一些不够规范和完善的地方。因此，有必要加大完善社会保障筹资机制的力度。具体地讲：

近期（2012 年底前）：一是建立社会保险基金预算制度；二是提高社会保险费征缴效率；三是适当提高社会保障支出占财政支出比重

（1）建立社会保险基金预算制度

《国务院关于试行社会保险基金预算的意见》（国发〔2010〕2 号）已经正式发布，编制社会保险基金预算工作正式启动。下一步，一是要切实指导地方做好社会保险基金预算的编报工作，及时解决社会保险基金预算工作中出现的新情况、新问题，确保地方按照规定时间报送社会保险基金预算。二是密切跟踪各地工作进展情况，对社会保险基金预算编报时间、编制口径、数据利用、组织协调、激励约束等进一步开展调研，及时总结经验，逐步建立和完善社会保险基金预算科学编制和利用的机制。三是扩大社会保险基金预算编制范围，将新型农村合作医疗基金、城镇居民基本医疗保险基金纳入编制范围。

(2) 提高社会保险费征缴效率

一是尽快实现同一个地区社会保险费征收主体的统一，解决目前同一个地区由税务机关和社保经办机构分别征收不同项目社会保险费的问题，以及不同社会保险经办机构分别征收不同项目社会保险费的问题。二是进一步推动基本养老保险、基本医疗保险、失业保险、工伤保险、生育保险"五费合征"，降低征管成本。三是实行税务征收的地区，要赋予税务机关完整的登记、审核、申报、征缴职责，负责征收入库、处罚、催缴等方面的全部工作，解决核征分离和管查脱节问题。四是加强部门协调和信息化建设力度。在社保、税务、财政、银行等部门之间，研究建立统一、互联的征管信息系统和顺畅的沟通协调机制，解决基础信息收集难、部门间信息不对称、协调机制不完善、欠费催缴方式与管理信息系统不匹配等问题。五是实现社保费征管与有关税收管理信息资源共享，及时进行税、费数据比对，互相印证，促进征管。

(3) 适当提高社会保障支出占财政支出比重

2009 年我国社会保障支出（含医疗卫生、住房保障支出）占财政支出的比重为 17.2%，教育支出占财政支出比重达到 13.7%，两者合计达到 30.9%。今后几年，推动新型农村社会养老保险制

度和城镇居民养老保险制度建设、提高企业退休人员基本养老金水平、进一步提高医疗保障待遇水平、加大保障性住房建设力度、促进教育事业新的大发展等，仍都需要财政给予大力支持。因此，随着经济逐步发展，为适应构建和谐社会的要求，进一步增加社会保障投入，不断提高社会保障支出占财政支出的比重是必要的，也是必然的。财政支出应继续向社会保障等民生事业倾斜，到2012年，社会保障支出占财政支出的比重应在2009年17.2%的基础上进一步提高1—2个百分点，教育支出占财政支出比重也要明显提高，确保实现2012年财政教育性经费占GDP4%的目标。

中期（2013—2020年）：一是进一步健全社会保险基金预算制度；二是全面实施税务机关征收社会保险费；三是逐步实现社会保险基金财政集中支付；四是实行社会保险费改税，开征社会保障税；五是进一步提高社会保障支出占财政支出的比重

（1）进一步健全社会保险基金预算制度

进一步扩大社会保险基金预算的编制范围，将城乡居民养老保险基金等纳入社会保险基金预算编制范围，使社会保险基金预算体系更加健全。

（2）全面实行税务机关征收社会保险费

"中篇"进行国际比较时曾指出，社会保险费征收体制的演变趋势是逐步由社保部门征收转向税务部门征收模式。改革社会保险费征管体制，实行税务机关征收社会保险费，有利于提高社会保险费的征缴率，保证社会保险费收入的稳定增长，也有利于

建立征缴、管理、支付等环节相分离的社会保险基金管理机制，加强对基金的监督管理力度。在中期，应改变目前社会保险费存在双重征收主体的局面，全面实行税务机关征收社会保险费，并赋予税务机关比照《税收征收管理法》进行征收管理的权力。

(3) 逐步实现社会保险基金的财政集中支付

取消社会保险经办机构设立的社会保险基金支出户，社会保险基金由财政专户直接拨付到社会化发放代办银行以及医疗机构等单位，以进一步健全资金监管机制、减少资金在途时间，提高资金使用效益，确保社会保险基金安全运行。

(4) 实行社会保险费改税，开征社会保障税

与"费"相比，"税"具有更大的强制性，有助于克服拖欠或随意减免等不规范行为，税率比费率也更加统一。因此，中期应在全面实行税务征收的基础上，积极稳妥推进社会保险费改税，开征社会保障税。这有利于建立更具刚性和公平性的社会保障筹资机制，也有利于进一步降低征收成本，且费改税不会增加单位和个人负担。目前我国尚未开征社会保障税，是因为现行社会保障制度模式仍在调整完善过程中，社会保障覆盖面小、统筹层次低、费率不统一等问题对费改税也构成了现实制约。在中期，随着社会保障制度的完善、统筹层次的提高，应积极推动开征社会保障税，为各项社会保障制度建设提供更加稳定、可靠的资金来源。具体来讲，单位缴纳的各项社会保险费应改为社保税，职工个人缴纳的养老保险费因全部进入个人账户，可继续保留费的形式，但是也应明确由税务机关在征收社保税时一并征收，以降低征管成本。

(5) 进一步提高社会保障支出占财政支出的比重

与近期相比，同口径社会保障支出占财政支出的比重应进一步提高，为 2020 年基本建立覆盖城乡居民的社会保障体系、"七有"目标初步实现提供坚实的财力保障。在财政收入不断增长的情况下，调整财政支出结构、提高社保支出占比虽有一定空间，但也面临较大难度，需要在深化行政管理体制改革、转变政府职能等方面迈出更大步伐，以有效控制行政成本，并大力压缩其他一些不必要的非公共性支出。

远期（2021—2040 年）：社会保障筹资机制比较健全，不断扩大社会保障税的征收对象或以适当的税种税基税率对全民征收社保性质的税收。社会保障总支出占财政支出的比重在合理水平上基本保持稳定，能够较好满足社会保障事业发展资金需求

5. 强化信息服务

这方面主要是加快社会保障信息化建设和预测预警机制建设。以金保工程、金财工程和金税工程等现有工程为基础，加以整合和提升，健全覆盖全国的社会保障信息网络系统和包含保障对象各类信息的社会保障数据库，依托统一的社会保障公共服务平台，及时、准确、高效地提供各项社会保障服务。健全和完善预测预警机制，加强对社会保障制度及劳动力市场运行风险的分

析监测，以防患于未然，及时、科学地调整社会保障政策。在近期、中期和远期的主要任务是：

近期（2012 年底前）：进一步推进信息化建设，建立预测预警机制

加快推进信息化建设。一是抓紧研究制定全国统一的社会保障信息化建设标准。目前，各地虽然正在推进社会保障信息化建设，但是由于社会保险统筹层次较低，信息化建设的标准并不统一，为将来建立全国统一的社会保障信息系统埋下了隐患。因此，应抓紧制定统一的社会保障信息化建设标准。二是不断扩大社会保障信息网络系统的覆盖面。有条件的地区社会保障信息网络系统要加快向街道、社区、乡村延伸。三是加强不同经办机构之间、不同统筹地区之间社会保障信息化建设的协调。四是推进社会保障卡在社会保障各领域的应用，实现统筹地区内社会保障一卡通和社会保障卡的跨地区通用，使参保者无论流动到哪里，都可以核查个人基本情况及各种参保信息，节省行政成本。

在完善业务经办和公共服务功能的同时，提高基金监管和决策支持水平，利用精算模型和跨代核算体系等工具开展好社会保障预测预警工作。一是要继续做好对养老保险基金收支状况的精算分析。既要做好短期精算分析工作，对出台调标等政策的影响及基金和财政面临的支出压力进行准确测算；又要加强中长期精算分析，根据不同的假设条件准确判断养老保险基金在未来几十年内的可持续性及对总体经济运行状况产生的影响，为在必要

情况下改革和调整制度模式提供科学依据。二要开展对失业保险基金和医疗保险基金收支状况的精算分析。失业保险基金的收支状况更多的是受经济周期波动的影响，对其进行预测预警应重在短期精算分析。医疗保险基金也主要是确保当期收支平衡，不过由于老年人医疗费用高于年轻人，人口老龄化对医疗保险基金收支的冲击不断加大，因此，医疗保险基金的预测预警应以短期为主、长期为辅。三要健全对劳动力市场运行的预警机制。通过密切跟踪宏观经济运行走势、企业用工成本变化情况、每年新增劳动力供给数量和结构及劳动力需求数量和结构的匹配情况等指标，准确判断今后一段时期内劳动力市场运行轨迹，为及时调整就业政策和其他相关政策服务。

中期（2013—2020年）：社会保障信息系统全国一体化和全面覆盖

按照"统一建设、应用为先、体制创新、保障安全"的原则，实现社会保障信息系统的全国联网和全面覆盖。一是将各地已经建立起的相对独立的信息系统整合为全国一体的社会保障信息系统平台，为统一处理各项社会保险和社会救助业务提供技术支撑。二是加快社会保障信息网络向基层的延伸，基本实现对所有社区和乡村的全面覆盖。社会保障数据库能够全面包含每个社保对象的相关必要信息。三是建立全国统一的电子医疗信息系统，有效开发和利用公共医疗卫生信息资源，实现医疗行业信息共享，增强医疗救治、防疫监控、应急处置和卫生监督能力。四是数据资源全面整合。按照业务发展与横向信息交换的需要，加强不同社会信息系统的有效衔接和信息共享，并在采集民政、劳动就业、社会保障、公安、税务、财政、卫生、教育、计生、公积金管理等方面信息的基础上，进行信息资源全面整合，确保数据准确唯一，形成统一的社会保障数据库和公共服务平台，实现跨领域、跨行业、跨区域多功能应用和资源共享，做到数出一门，个人信息全面覆盖。五是终端操作方便快捷。结合我国三网合一后的发展规划，社会保障公众服务平台能够利用多种通信方式，多种服务终端，提供公众极为方便快捷的个人社保信息查询、福利金领取、医疗服务等应用操作。同时，利用先进的智能卡技术，实现社会保障卡政府管理服务与商业服务（金融电子钱包、电子存折等）的整合，做到"一卡在手，走遍天下"。六是信息应用安全稳定。由于社会保障在社会生活中的重要性，将来信息系统潜在灾难可能殃及的范围简直难以想象，所以社会保障信息系统在向公众提供快捷方便的同时，必须确保数据安全和系统稳定。

远期（2021—2040 年）：社会保障信息化建设达到国际领先水平，实现以自然人为单位的全面信息覆盖，做到数出一门，信息共享

健全七大保障体系之一：
养老保障体系

老吾老以及人之老，是中华民族千百年的传统美德，是百姓至善至纯的愿望，也是和谐社会的题中应有之义。养老保障是社会保障体系最主要的组成项目之一。据统计，2009 年我国企业职工基本养老保险基金支出占五项社会保险基金总支出的70%，财政对社会保险基金的补助主要用于弥补企业职工基本养老保险基金收支缺口。养老保障制度设计是否合理、是否具有可持续性，对社会保障制度的健康发展至关重要。养老保障体系建设既要实现全体人民"老有所养"目标并不断提高老年生活质量，又要增强养老保障制度自身的可持续性，有效应对人口老龄化的挑战，还要使养老保障制度更有利于促进经济社会的可持续发展。下面，就养老保障体系近期、中期和远期建设的基本思路及任务择要强调和说明如下：

近期（到 2012 年底）：养老保障体系建设的任务可以归纳为"推进四项试点，完善四个机制"

推进四项试点：（1）推进新型农村社会养老保险试点。（2）推进城镇居民养老保险试点。（3）抓好事业单位养老保险改革试点。（4）加快研究制定公务员养老保险改革试点方案。

完善四个机制：（1）完善企业职工基本养老保险省级统筹机制。（2）完善企业职工基本养老金待遇自然增长机制。（3）完善各项养老保险制度及其与其他相关制度的衔接机制。（4）完善家庭养老和社会敬老的激励促进机制，并实行高龄老人津贴制度。

此外，在推进新农保和城镇居民养老保险制度建设的同时，也要继续做好企业职工基本养老保险制度的扩面工作。

（一）推进新型农村社会养老保险试点

在城乡低保普遍建立、医疗保障覆盖全民、促进就业政策体系基本健全、保障性住房建设力度不断加大，以及义务教育经费保障机制改革全面推进的情况下，农民及城镇无稳定收入居民的养老保障问题已成为实现"全民社保"和改善民生的最大短板。中央决定从 2009 年开始推进新型农村社会养老保险试点，标志着我国在加快建立覆盖城乡居民的社会保障体系方面又迈出了具有历史意义的步伐。新农保试点工作中，要注意解决好以下几方面的问题：

1. 积极稳妥推进新农保试点扩面工作

2009 年，新农保制度覆盖了 11% 以上县市，受到普遍欢迎，2010 年试点面进一步扩大到 23%。按照规划，新农保制度的全覆盖将在 2020 年前完成，时间跨度为 12 年。我个人认为，考虑经济发展和民生制度发展的要求，应适当缩短制度全覆盖所需的时间。在试点初期，重在积累和总结经验以进一步完善制度，同时也要适当考虑各地政府推动试点及农民参保的积极性。因此，扩面工作应本着既积极又稳妥的原则推进。2010 年和 2011 年适当扩面，并在扩面时优先考虑解决民族县、边境县和贫困县的问题，2012 年试点面达到 50% 左右，2013 年和 2014 年加快扩面进度，争取到 2014 年在全国基本建立起新型农村社会养老保险制度。同时，允许有条件的省份适当提前完成全覆盖目标。

2. 合理确定养老金水平调整政策

在试点期间，若物价没有出现明显上涨情况，不宜提高中央财政确定的基础养老金标准，各级财政特别是中央财政对新农保的补助应主要用于支持制度的扩面，即用"宽度"换"高度"，以避免加剧非试点地区与试点地区的攀比，也有利于集中财力加快完成新农保制度的全覆盖。在全面推开后，可根据情况逐步适度提高基础养老金水平。在提高基础养老金水平时，应向农村65 岁以上的老年人倾斜，60—65 岁之间老年人的基础养老金水平调整幅度和调整频率应妥加控制。这是因为，一是 60—65 岁农民由于有土地和劳动收入，应在养老金水平上与 65 岁以上劳

动能力渐失的农民有所区别。二是随着人口老龄化形势的日趋严峻，提高退休年龄是一个必然趋势，对不同年龄段的老年人确定不同的养老金水平，有利于减轻今后逐步提高退休年龄时遇到的阻力。三是可以在总体减轻人口老龄化对农村养老金支出压力的情况下，更好地照顾高龄老人。

3. 妥善处理试点中统一性和灵活性的关系

省级政府要按照中央确定的基本原则加强对试点的指导，既要在具体方案设计上给予各试点县市一定的自主权，又要确保制度模式的基本统一，为将来进一步推开以及提高统筹层次奠定基础。此外，要合理确定省、市、县各级财政对农村养老保险的补助责任，避免给经济比较困难的农业人口大县造成过大的财政支出压力，影响其开展试点和推动扩面的积极性。

4. 进一步调动青壮年农村居民的参保积极性

新农保试点受到了广大农村居民的热烈欢迎。不过，与老年农民相比，45岁以下青壮年农民的参保积极性要偏低一些。我在新农保试点开展较早、较好且已全面铺开的陕西省宝鸡市调研时了解到，当地45岁以上农民参保率达到了近90%，而45岁以下农民只有1/3。为促进青壮年农民参保，一是要进一步加强政策宣传力度，做好答疑解惑工作，使青壮年农民更加充分地认识到及时参保的好处；二是要认真做好对已参保农民的服务工作，特别是符合条件老年居民的养老金发放和领取工作，切实做到缴费方便，领取快捷，产生良好示范效应；三是可实行新农保缴费财政补贴向青壮年农民适当倾斜的政策，以及基础养老金水平与缴费年限适当挂钩的政策，进一步激励参保积极性；四是考

虑到青壮年农民外出打工较多、有的参加了企业职工基本养老保险的实际情况，要做好新农保与企业职工基本养老保险的衔接。

5. 切实加强新农保基金管理，避免基金运作风险

按照目前的制度设计，新农保个人账户基金将逐步形成较大规模的资金沉淀。对新农保基金管理，要注意把握好以下几点：一是坚持安全第一的原则。在试点初期，基金分散在各试点县市，为规避投资风险，应主要投资于银行存款或购买国债。二是有条件的省份随着试点面的逐步扩大，可探索由各试点县市将新农保基金委托省级管理和投资，不再留在各县市分散管理。三是可考虑将新农保基金与企业职工基本养老保险基金统一管理，统筹使用，以提高资金使用效率。也可考虑在企业职工基本养老保险基金入不敷出的省份，由其向农村养老保险基金定向借款，以减轻财政补助压力。四是在地方政府自愿的前提下，可允许全国社保基金理事会参与新农保基金管理。

6. 要严格养老金发放，防止冒领行为

一是加强新农保管理部门与公安（户籍）管理部门、民政殡葬管理部门的沟通，建立信息共享机制。二是规范养老金发放途径和办法，实行养老金发放的直通车。三是定期开展养老金领取资格认证工作，积极推广指纹认证系统及更先进的虹膜识别系统，为加强养老金发放管理提供技术保障。四是加大社会监督力度，完善对冒领养老金行为的惩罚机制，并对检举揭发冒领养老金行为的给予适当奖励。

7. 适时适当调整完善财政补助政策

根据目前的新农保财政补助政策，对国务院统一确定的基础养老金部分，中央财政给予中西部地区全额补助，地方财政对农村居民个人缴费每人每年至少补 30 元。这一政策操作简单，便于理解。但是，长期执行下去，也可能形成地方政府推动农民参保缴费的积极性不高，农民过多依赖基础养老金，老年基本生活保障力度不够的问题。因此，建议适时适当调整完善财政补助政策，一方面规定地方财政对基础养老金也承担适当的补助责任；另一方面规定中央财政对"入口"也给予一定补助。这一政策调整可选择在今后提高基础养老金水平和参保缴费补贴水平时出台，通过动"增量"不动"存量"的方式完成。比如，如果中央确定的基础养老金由 55 元提高到 65 元，可规定新增的 10 元由中央和地方各负担 5 元；如果对农民个人缴费补贴由 30 元提高到 40 元，可规定新增的 10 元也由中央和地方财政各负担 5 元。

（二）推进城镇居民养老保险试点

在推进新农保试点工作的同时，应抓紧研究制定城镇居民基本养老保障方案，并抓紧解决未参保集体企业退休人员基本养老保障等历史遗留问题。鉴于城镇老年居民情况复杂，解决其养老保障问题不宜"一刀切"，应分门别类，制定不同的政策。具体来讲：（1）对配偶参加企业职工基本养老保险的城镇无保障老年居民，可通过企业职工基本养老保险制度解决其养老保障问题，在其配偶原养老金水平的基础上按一定比例（如 40%）加发养老金用于其养老保障问题，配偶去世后也可继续按一定比例（如 60%）领取遗属养老金。所需资金由养老保险基金解决，同

时各级财政适当增加对养老保险基金的补助规模。（2）对属于低保对象的老人，应继续通过低保制度来解决其养老保障问题，并可在现行低保金水平上适当加发一定比例的补助金以体现对老人的优待政策。（3）对其他城镇老人，可通过个人缴费或子女代为缴费及政府补贴的方式将其纳入城镇居民养老保险制度，具体模式原则上应与农村养老保险制度一致，且有条件的地区应将两个制度统一归并管理。建议 2010 年出台试点方案，2011 年在 20% 的城市开展试点，2012 年试点面扩大到 50%。

（三）抓好事业单位养老保险改革试点

事业单位养老保险改革方案已经正式印发，首批 5 个试点省市也已确定，分别是山西、上海、浙江、广东和重庆，试点工作已经启动。为做好这项工作，国家还将推动以下改革和工作：一是尽快出台和实施事业单位分类改革方案。将主要承担行政职能的事业单位转为行政机构或将行政职能划归行政机构；将主要从事生产经营活动的事业单位逐步转为企业，走向市场；将主要从事公益服务的事业单位予以保留并强化公益属性。这是推进事业单位养老保险改革的重要前提。二是进一步完善和细化事业单位的职业年金制度，与事业单位养老保险改革同步实施。三是在新老制度转换的过程中，切实做好事业单位"中人"养老保险政策的合理衔接，平稳过渡，保障其养老金水平不降低。四是加大试点政策的宣传力度，打消事业单位职工的一些误解和疑虑，为推进试点创造良好的舆论氛围。五是在总结五省市试点经验的基础上，不断完善改革方案，尽

算的审计监督作用，以及代理记账的作用，并加快推进医院信息化建设，准确反映医院运行相关信息。**二是切实加强医疗卫生机构的绩效考核，并将其逐步公开**。着力建立健全基层医疗卫生机构绩效考评体系，根据服务项目的具体内容，制定相应的绩效考评办法，并将考核结果与财政补助资金挂钩。**三是推进医疗保障信息公开**。国务院决定从 2010 年起试行编制社会保险基金预算，加强社会保险基金管理，规范社会保险基金收支行为，也为下一步社会保险基金信息公开创造了前提条件。此外，医保经办机构也应积极向社会公开基金收支结余信息、报销政策等，便于社会监督。**四是推进政府卫生支出预算公开**。财政医疗卫生支出预算也要按照全国人大的要求，逐步扩大预算公开的范围，增加预算公开的内容。同时，要加强对整个医改资金使用情况的绩效考核，并根据考核结果改善资金投入结构与方式。

近期除继续着力推动"三大转变"外，还要注重推进以下工作：一是在新农合和城镇居民医保中引入分档缴费政策。允许不同的居民从几档不同的缴费水平中自愿选择，并相应享受不同的医疗费用补偿政策，更好地满足参保人员的差异化需求。当然，在具体实施过程中，要避免选择高缴费率和高报销率的以大病风险高的人为主，进而给基金收支平衡造成压力这一"逆向选择"问题。二是尽快取消城镇职工医疗保险个人账户，个人缴费进入统筹基金，相应实行门诊统筹。《病与医》虽谈及这个问题，但我仍然认为要加快推动此项工作。三是完善工伤保险和生育保险制度。包括基本解决企业老工伤人员的工伤问题、进一步完善工伤保险制度的工伤预防功能以及提高生育保险待遇、适当延长产

假天数等。四是切实加大解决医疗服务供给的力度。在医疗保障体系不断健全、人民群众的医疗服务需求更多释放出来的同时，要提高医疗服务能力、调整和完善医疗机构布局等。此外，要在成本控制方面取得明显进展。五是加快推进电子病历和居民健康档案信息系统建设，以及覆盖医疗机构人、财、物的管理信息系统建设，在有条件地区建立涵盖各类医疗机构的统一医疗公共服务平台。六是加快人才建设，开展初诊制试点。

（二）评估

对医改三年工作进行评估。从 2010 年下半年起，即研究制定医药卫生体制改革评估方案，建立起一整套科学的评价体系，细化指标，从供方、需方、保方、管方等各角度对医改方案的落实情况和实施效果进行全面评价。同时，引入问责制，对落实不力、效果不明显的工作任务，要查找原因，追究责任，明确改进思路。2011 年两会后即开展全面评估工作。

（三）规划

在评估医改三年工作的基础上，继续"乘胜追击"，根据《中共中央国务院关于深化医药卫生体制改革的意见》，结合卫生事业和社会保障事业发展的"十二五"规划，在 2011 年底制定出台《医药卫生体制改革近期重点实施方案（2012—2015)》，规划下一步需要完成的工作目标和具体任务。此外，建议在 2011 年底或 2012

年初以中共中央、国务院名义召开一次全国医药卫生体制改革大会，总结三年医改经验，具体部署 2012—2015 年医改工作。

中期（2013—2020 年）：重在推动医疗保障体系的"统一化"、"多元化"

所谓"统一化"，一是医疗保障体系的管理体制和相关制度要尽可能统一。具体来讲包括：（1）医疗保险、新农合、医疗救助各项医疗保障工作应由社保部门统一管理，城镇居民基本医疗保险与新型农村合作医疗制度整合为统一的城乡居民基本医疗保险制度，设置多个缴费档次，城乡居民可在多档之间自由选择缴费档次参保。之所以由社保部门而不是卫生部门统一管理各项医疗保障工作，主要是考虑到卫生部门很大程度上还扮演了"办医院"的角色，与供方有较多的利益联系，由社保部门管理医疗保障制度有利于完善监督制约机制，更好地保护需方的利益。（2）基本统一机关事业单位职工和企业职工的工伤政策及管理体制。（3）在保留工伤保险制度独立性的同时，实行由医疗保险经办机构对工伤保险的统一经办管理。（4）将生育保险纳入城镇职工医疗保险制度，实现制度的统一和管理经办的统一。**二是在全国基本建立起标准统一、网络统一的电子医疗信息系统。**奥巴马医改的一项重要措施就是推广标准化的包括电子病历等在内的电子医疗信息系统，美国计划在未来 5 年每年花费 100 亿美元在所有

医疗机构建立这一系统，由此每年可节省 770 亿美元的医疗费用。我国也应在中期大力推进统一的电子医疗信息系统建设，将目前以医院为单位的封闭的医疗诊断信息通过网络在不同医疗机构之间实现共享，从而更有效地利用医疗资源，降低医疗成本，减少医疗事故，加强医院管理。为此，一方面要由国家卫生行政部门牵头加快研究制定全国统一的电子医疗信息系统技术规范和标准。另一方面国家也要安排专项资金对系统的建设给予必要支持。

所谓"多元化"，一是进一步完善医疗保障体系的多元筹资渠道，如城镇职工医疗保险筹资机制由在职职工缴费、退休人员不缴费改为在职职工和退休人员都要缴费，政府对城镇职工医疗保险基金给予补助等；二是医疗服务的提供主体更加多元，社会力量办医与近期相比有明显进展，在医疗服务市场所占份额超过20%。三是医疗保障体系支柱多元化，商业保险在提供医疗保障和参与经办社会医疗保险方面有较大突破。四是多管齐下，从严控制医疗费用。

此外，中期前半阶段还要在对 2012—2015 年医改工作进行充分评估的基础上，做好 2016—2020 年医药卫生体制改革和医疗保障制度建设的规划工作。

中期的具体政策，除在《病与医》一书中提到的建议以外，再强调和补充以下几点：

（一）完善多元筹资

由于老年人的医疗消费水平明显高于其他群体，今后，随着人口老龄化形势的不断发展，医疗保障筹资也将和养老保障一样面临较大压力，特别是在我国城镇职工基本医疗保险制度不需要退休人员缴费的情况下。为此，有必要进一步健全医疗保障多元筹资机制：

1. 调整退休人员不缴费的政策

退休人员也应以退休金为基数缴纳一定比例的医疗保险费，这也与新型农村合作医疗和城镇居民基本医疗保险的缴费政策相一致。具体缴费比例可考虑与职工缴费比例 2% 一致。为减少政策实施可能面临的阻力，可考虑逐步到位并在提高退休人员养老金水平时从增量中安排缴费所需资金。

2. 政府对城镇职工基本医疗保险基金给予一定补助

中篇曾就医疗保障制度采取一般税收筹资模式和专项社保税（费）筹资模式各自的优缺点进行过分析，并比较了不同国家的做法。我在日本考察时还了解到，日本医疗保障虽然是保险主导型，但为应对因人口老龄化而不断膨胀的医疗费用负担，财政对医疗保障筹资给予了较多的补助。在 2008 年，日本专门建立了以 75 岁以上老人为对象的高龄医疗制度，所需资金 10% 来自于老人的缴费，40% 来自于其他医疗保险基金，50% 来自于财政补助。就我国情况而言，政府对新农合和城镇居民医保都给予了较高比例的补助，城镇职工医疗保险则主要是通过单位和职工个人缴纳的医疗保险费筹资。下一步，一方面应继续坚持社会保险为主导的医疗保障制度模式，充分发挥专项社保税（费）的筹资职能。另一方面，为避免城镇职工医疗保险制度过于依靠专项社保税（费）筹资可能带来的医疗保险费率偏高、费基较窄、不利于促进就业以及低收入群体难以被纳入制度覆盖范围等问题，也应适当增加一般税收在城镇职工医疗保险筹资中的比重。具体来讲，一是退休人员按照退休金的2%缴纳医疗保险费的同时，政府可按其退休金的6%给予匹配缴费。二是政府要继续做好帮助关闭破产企业及困难企业职工和退休人员参加医疗保险工作。三是必要时政府对城镇职工医疗保险基金每年按一固定比例给予补贴。

3.调整新农合筹资结构，适当提高农民个人缴费的比重

与城镇职工医疗保险制度不同，新农合筹资目前的问题主要是过多依靠财政补贴，农民个人缴费比重偏低。大部分地区新农合基金80%左右来自于财政补助，农民个人缴费约占20%左右。在试点初期，财政补助所占份额较高，有利于推动试点工作的开展，加快制度扩面。随着制度的逐步成熟和农民收入水平的提高，应在稳步提高财政补助绝对水平的前提下，合理降低财政补助在新农合筹资中所占比重，适当强化个人参保缴费的责任。到2020年，财政补助所占比重建议从目前的80%左右逐步下调到50%—60%。

（二）大力发展多元办医

从国际经验看，社会力量在提供医疗服务方面发挥着重要作用。特别是初级医疗服务体系，在整个医疗服务体系中是最为市场化的，是社会力量发挥作用最大的领域。大多数发达国家，初级医疗服务主要是个体开业或以合伙制形式开业的全科医生提供的，全科医生诊所属于私营的营利性机构，政府或医疗保险经办机构向他们购买基本医疗服务和公共卫生服务。不仅法国、德国、荷兰等实行社会医疗保险模式的国家如此，英国、丹麦、新西兰等很多通过一般税收筹资实行免费医疗的国家也是如此。

相比之下，我国目前社会力量在提供医疗服务方面发挥的作用还很不够。我国非公立医疗机构床位数仅占总床位数的5.2%，一些地方规划本地区卫生资源时，经常以这个地区卫生资源的总需求量，来确定需政府举办卫生资源的规模，实际上是将民办医疗机构排除在外。医改方案出台以来，我曾经多次到各地调研，发现即便像广东、福建这些民营经济较为活跃的地区，尽管民营医疗机构数量不少，但大多都是"小打小闹"，难以形成有效的竞争。为推动多元办医，我们还有很多工作要做，特别要强调以下几点：

1. 改革医疗机构分类管理制度，淡化营利性和非营利性的概念

为切实推进社会力量办医，有必要改革目前的医疗机构分类管理制度，淡化"营利性"和"非营利性"的概念，通过健全的医疗服务市场监管政策让所有类型医疗机构体现出公益性。国外一些国家私立非营利性医疗机构的发展，有其特定的宗教因素和其他政治、社会背景。而且，非营利性医疗机构之所以能够流行，一个重要原因是它不存在投资方对回报的要求，从而强化了医生对医疗机构的控制权，有利于更好地维护医生而非公共的利益。我国的社会文化传统不同于西方，如果一味强调非营利性为主导，不易实现民营医疗机构的大发展。实际上，能否促进公益性不取决于医疗机构的性质而取决于有关的监管政策，如果监管

政策不落实，公立医院和民营非营利性医院同样体现不出公益性。只有切实健全医疗服务市场监管政策，才能使所有类型医疗机构体现出公益性。

2. 尽力实施政府购买卫生服务

世界银行出版的一份研究报告——《明智的支出——为穷人购买卫生服务》指出，大量证据表明，医疗卫生领域的大多数服务和产品是可以由非政府机构优质廉价提供的，政府购买服务与直接举办机构提供服务相比，既可以保证效率，也能够实现公平。很多国家近年来正在通过政府购买服务和外包等方式来改进医疗卫生服务的效率、生产率和消费者满意度。在我国，推动实行政府购买服务，有利于为各类医疗卫生机构提供公平的竞争平台，也有利于提高卫生投入使用效率、提高卫生服务质量、促进医疗卫生机构运行机制改革和转变政府卫生管理职能。近年来，财政部积极推动政府购买卫生服务，并安排了专项奖补资金，各地也都做了大量工作，具备了一定基础。中期应切实加大这方面的工作力度，努力做到"应买尽买"。

有些人反对购买服务，主张政府应当像对待基础教育一样把提供基本医疗服务的基层医疗卫生机构养起来。我认为，这种主张是站不住脚的，**一般来讲，投入比较容易确定而产出难以进行科学考核的机构更有可能采取"养人、养机构"的做法，投入难以事先确定而产出比较容易考核的机构更应该采用购买服务的方式**。基础教育采用"养人、养机构"的办法，至少有两方面的重要原因：其一，学校每年的工作量和任务是事先能够计划和控制的，相对比较明确，也就是说，政府如果把学校养起来的话，对学校的"投入"和预算的编制是比较容易确定的。其二，教育的产出不容易进行准确考核，因此购买服务不易实施。教育特别是基础教育的效果如何，短期内不一定能够体现出来，而且这是不同年级、不同学科老师及学生个人共同努力的综合结果，具体到某位老师一堂课或一学期课的效果，很难找到一个比较客观的评价尺度进行量化考核，难以进行准确考核的产出自然难以进行有效的购买。相比之下，对基本医疗服务而言，一方面，具体每个医疗机构承担的工作量和任务取决于居民的医疗需求，但是居民基本医疗需求的大小和流向受很多因素影响，并不是医疗机构能够控制的，政府如果把医疗机构养起来，很难通过事先核定任务和编制预算的方式来合理确定对其投入的规模。另一方面，医疗机构具体产出的考核要比学校容易，经过治疗后疾病症状是否已经消除，一般的手术是否成功，这些考核和评价起来要相对简单，更具有可操作性，因而应尽可能通过购买服务的方式对提供这些服务的医疗卫生机构进行补偿，尽可能减少养人的方式。

3. 调整完善医疗卫生机构布局的有关政策

目前关于医疗卫生机构布局的有关政策规定也不利于促进社会力量提供基本医疗服务。比如，每个乡镇应当有一所政府举办的乡镇卫生院的规定，虽然有利于更好地保证基本医疗服务的可及性，但客观上也对社会力量办医构成了一定制约。随着民营医疗机构的逐步发展壮大，以及交通条件的进一步改善，在中期的后半段，要本着"凡是社会力量可以举办的地方，政府就应当逐步退出"的原则，大力开放初级医疗服务市场，积极稳妥推进基层医疗卫生机构的产权制度改革，使社会力量在提供初级医疗服务方面发挥越来越重要的作用。

4. 要努力推动民办非营利医疗机构在医保定点、人才引进、职称评定等方面与公立医院享有同样的待遇

（三）促进保障支柱多元化

在《病与医》中，我曾就促进商业医疗保险发展、实现医疗保障支柱多元化有所论述，提出商业医疗保险应坚持差异化、低成本和集中化战略，并争取到 2020 年覆盖 15% 的人口。下面，就发展商业医疗保险的任务目标和政策措施方面再明确或补充如下几点：

在任务目标方面，要明确的一点是，2020 年商业医疗保险覆盖 15% 的人口，应当是有 15% 的人口将商业医疗保险作为解决其基本医疗保障问题的主要途径，除此之外，还应当争取有 15% 以上的人口将商业医疗保险作为社会医疗保险的重要补充。应当说，只要政策设计合理，这一目标是可以实现的。据统计，2000 年，法国、瑞士、美国、荷兰、加拿大等国商业医疗保险覆盖了 60% 以上的人口，澳大利亚、奥地利、爱尔兰、比利时等国也都覆盖了 30%—60% 的人口。在奥巴马医改方案中，进一步扩大医疗保险制度覆盖面、实现全民医保的目标也主要是依托商业保险公司完成的。**需要强调的一点是**，除设定商业医疗保险的覆盖面指标外，还应进一步明确商业医疗保险支出在卫生总费用中所占比例，初步考虑，到 2020 年这一比例应争取达到 15% 左右。

在政策措施方面，着重强调以下几点：

1. 鼓励投保商业医疗保险

基本医疗保险要开口子，允许参保人员或参保单位退出，转而投保商业医疗保险，其每年缴费由征收机构相应划拨给商业医疗保险机构。商业医疗保险机构应保证提供不低于社会医疗保险的待遇。

2. 通过商业医疗保险化解社会医疗保障之外的风险

对社会医疗保险不予报销的个人自付比例部分及封顶线以上部分，或不属于报销范围的项目，应主要通过投保商业医疗保险进一步化解参保人员的风险。

3. 大力推动社会医疗保障向商业医疗保险机构购买服务

在公开竞争的基础上，择优委托商业医疗保险机构来具体管理和经办社会医疗保险、新型农村合作医疗、城乡医疗救助等工作。商业保险机构的经办费用可按适当比例从社会医疗保险基金中列支，或由财政部门给予必要补助。

4. 规范商业医疗保险公司提供医疗保险的具体行为及补偿方式

保险公司在接受投保时，不得因投保人的健康状况或年龄等因素拒绝其参保或制定差异化的政策，同时政府根据不同保险公司投保人的年龄结构等因素，对保费收入加以必要调剂或给予适当补贴。此外，变目前定额补助为主的补偿方式为按规定比例报销医疗费用的补偿方式，强化商业医疗保险的风险保障功能。

5. 出台商业医疗保险发展的税收优惠和财政激励政策

澳大利亚 1998 年制定的《私人医疗保险计划奖励法》规定，国民购买私人医疗保险，投保人可获澳洲政府回赠 30% 保费。

在美国，联邦税法规定由雇主为雇员投保商业医疗保险的缴费免税，私人业主购买商业医疗保险的费用 25% 是免税的。据估算，政府为支持商业医疗保险而减免的税收每年约为 560 亿美元。此外，美国允许医疗储蓄账户的预付款项如同活期存款那样放在银行，不但有利息，而且利息部分不用纳税。我国也应进一步加大这方面的财税优惠政策。

（四）多管齐下从严控制医疗费用

医疗费用就像一柄只伸不缩的"魔杖"，保障制度越完善、保障水平越高，医疗费用就增长得越快，控制不好，会呈几何级数增长。要对医疗费用进行控制，就要从源头入手，供方、需方、保方和管方等多方共举、多管齐下。

1. 科学制定并严格执行区域卫生规划，合理配置资源

在医疗卫生机构设置、基本建设投资、大型检查治疗设备购置、人力资源配置等方面，统筹考虑区域内医疗卫生资源的存量和增量，避免重复浪费。禁止基层医疗卫生机构的贷款行为，严格限制公立医院的贷款行为。不管是公立医疗机构还是私立医疗机构，其基本建设和大型设备购置均需按程序严格审批。在这方面，国外也有经验可供借鉴。在澳大利亚，医疗机构固定资产投入采取严格的多级评审制度。服务机构须先提出服务计划，并陈述充足的业务理由，制订完整的项目计划，包括详细的项目成本核算。然后，州卫生主管当局根据本部门的战略规划重点选择要报送的项目，并制订州一级的总体计划，由州政府报内阁和财

长审批。在捷克，为了控制医院盲目建设、引进高档设备，政府规定，无论是公立医院还是私立医院，新建房屋、购买大型设备必须经过卫生部门批准。

2. 完善定价制度，规范诊疗行为

进一步完善定价制度和集中招标采购制度。推进反腐倡廉建设，对医药购销领域的不正之风进行严厉打击。对基本药物目录和基本医疗保险目录进行严格管理，新增目录药品或替换目录药品必须对药品的有效性和成本效益进行严格论证和分析。制定规范化的临床路径，规范诊疗行为。彻底切断医院、医生及药商之间的经济利益联系，严格控制"大处方"行为。严格限制高档医疗器械、高档医疗耗材和高档药品的利用，杜绝不必要的"大检查"行为。

3. 加快信息系统建设

以传统的纸张为基础的医疗卫生系统是影响医疗卫生服务质量和效益乃至出现"大处方"、"大检查"的基本根源，也是医保控费管理薄弱的基本根源。中期要加大加快这方面的建设步伐，用技术控制费用，改善服务，杜绝谋私。

4. 合理界定个人责任

美国兰德公司一项对比研究表明，95%的自费人群组与免费人群组相比，人均费用下降60%；而且医疗服务的次数与用药量也随自付比例的增加而减少，但整体来看并不影响被保险人的健康状况。因此，大多数国家更加强调患者的个人责任，除了强调个人要养成良好的卫生习惯、自觉预防疾病外，还规定个人对医疗费用必须自付一定比例，以防止对医疗服务的过度利用。在英国，除老人和儿童外，门诊看病取药已改成收费，牙科治疗

费用也开始自费。因此，一方面，要引导群众树立科学的医疗消费观念，改变"多吃药、吃贵药、看名医、住名院、重复检查、高档检查"等不良医疗消费倾向。另一方面，在加大医保投入、提高医保报销水平的同时，还要给个人自付留有一定空间。对于特需医疗服务，由个人直接付费或通过商业健康保险支付。对于基本医疗服务，医保报销也不是越高越好，当报销达到一定比例时，一般不宜再继续提高。对于重大疾病，可以考虑在下一步提高财政对新农合和城镇居民医保的补助标准时，从中抽出一部分专门用于解决重大疾病的二次补偿。此外，在群众中普遍开展疾病预防等公共卫生工作，也能"以小投入省大钱"。

5. 改革付费机制，充分发挥医保基金作用

付费机制改革是控制医疗费用的一个十分重要的环节，其重要性还未引起足够重视，中期应大力推广。现实的情况是，"医生点菜、病人买单"。患者的"散户"特征，决定了其难以与医疗机构在谈判中"平起平坐"，必须由医保经办机构作为患者的代表，发挥集团购买者的作用，通过推行按病种付费、按人头付费、总额预付等方式，对医疗机构实施制约和监控。同时，也要切实增加参保者对医保经办机构的影响力，并促进医保经办机构的竞争。

6. 健全医疗费用考核评价机制

根据医疗机构的收入结构、药品收入所占比重、医疗费用增长速度、医疗收入和药品收入核算规范程度等因素，加以考核评估，表扬和奖励先进，批评和处罚落后。中华医学会副会长刘俊教授讲过一个故事，他当上海市卫生局长时，接到一位教师患者来信，信

上说：他住院以来发现隔三差五地对他进行抽血化验，仔细观察后发现，这个医院的医生集资买了一台用于化验的仪器，若不加大抽血化验的力度，不仅分不到红，而且还不了本付不了息。信的最后质问刘局长：在公共汽车上，有人拿了我的钱包，我们称之为小偷；现在我不仅被别人拿了钱包，而且还被别人抽了血，我把他们称为什么呢?! 希望这种事情不要再发生了! 其实，解决这个问题的办法也很简单，一是不能容忍集资参股买设备赚钱这种事；二是考核检查结果的阳性率指标就行了。要制定一系列指标对医疗管理效率进行考核，如床位使用率、医生日均门诊人次数、平均住院天数、门诊均次费用、住院均次费用、事故发生率等。

总之，一方面，要想方设法弱化服务提供方诱导需求的效应；另一方面，要给管理者提高效率、降低费用的压力和动力。建议中期在中央和省级层面，由统计部门统计城乡医疗费用的变化情况，接受社会监督。

远期（2021—2040 年）：主要是进一步加大中期提出的各项政策措施的落实力度，使全体社会成员都能够享有比较充分的基本医疗保障

医疗保障制度实现城乡统一；个人自负卫生费用在卫生总费用中的比重下降到 10%—15% 之间并基本稳定；困难群体和大病个人负担过重部分能得到更好解决；商业医疗保险覆盖面超过

35%，在卫生总费用中的比重不低于20%；多元办医的格局基本形成，社会力量在医疗服务市场份额达到40%左右，初级医疗服务市场基本实现民营化；效率、公平、成本问题得到均衡解决。

健全七大保障体系之三：
就业促进体系

就业不仅仅是人们获得物质财富、生活保障的手段，更是人们实现自我价值和发展的途径。确保有就业能力且有就业意愿的人实现就业，是构建社会主义和谐社会的重要组成部分与必要前提，是民生社会应有之义。改革开放以来，党中央、国务院从民生之本、增长之需、稳定之基出发，建立了为失业者提供基本生活保障的失业保险制度和促进就业的政策体系。特别是实施就业促进政策以来，经过不断延续、调整、充实，我国就业政策呈现出扶持范围越来越广、门槛越来越低、支持项目越来越多、含金量越来越高等特点。为进一步健全我国的就业促进体系，近期、中期和远期要做好的工作是：

近期（到 2012 年底）：失业保险制度主要是扩面、降率和调整支出范围。促进就业政策主要是"落实、管理、评估、完善"

（一）以扩大制度覆盖面、降低费率、调整基金支出范围为重点，进一步完善失业保险制度

1. 扩大失业保险制度覆盖面

失业保险制度的覆盖范围，应由原来的城镇企业事业单位及其职工进一步扩展到城乡各类企业、事业单位（不包括参照公务员管理的事业单位及其职工）、民办非企业单位、城镇有雇工的个体经济组织及其劳动者。扩大失业保险制度覆盖范围，一方面，可以解决乡镇企业及其职工参保问题，有利于逐步打破城乡分割格局；另一方面，通过将原来授权省级政府规定是否将城镇个体经济组织、民办非企业单位和社会团体及其劳动者纳入参保范围，调整为统一规定，既解决了参保政策不统一问题，也有利于失业保险关系接续。

2. 降低失业保险费率

我国失业保险费率在 1998 年前为 1%，由企业缴纳，1998 年根据《中共中央、国务院关于切实做好国有企业下岗职工基本生活保障和再就业工作的通知》（中发 [1998]10 号）提高为 3%，

由企业和个人分别按 2% 和 1% 缴纳。当时，由于我国正在大力进行国有企业改革重组，加之遭受亚洲金融危机冲击，面临着空前的下岗失业压力，通过提高失业保险费率筹集更多的失业保险基金，以解决下岗失业人员基本生活保障问题，确有必要。但是，从近些年的情况看，3% 的失业保险费率是偏高的，造成了失业保险基金的大量结余。以 2008 年为例，当年失业保险基金收入 587 亿元，支出 258 亿元，当期结余 329 亿元，滚存结余 1 310 亿元，相当于当年支出的 5 倍多。2009 年虽然遭遇严峻的国际金融危机冲击并实行了"五缓四减三补贴"政策，失业保险基金结余仍然进一步增加了 215 亿元。因此，可以考虑适当降低失业保险费率，这有利于减轻企业负担，也能够避免基金积累过多带来的风险。

3. 适当调整失业保险基金支出范围

主要从以下两方面着手对失业保险基金支出范围进行调整。**一是失业保险基金可对失业人员参加养老及医疗保险给予缴费补贴。** 按照现行规定，失业人员在领取失业保险金期间患病就医的，可以按照规定申请领取医疗补助金。与参加基本医疗保险相比，失业人员领取的医疗补助金水平较低，难以解决失业人员医疗费用负担问题。考虑到失业人员是暂时退出劳动力市场，继续参加医疗保险，有利于适度提高失业人员的医疗待遇和医疗保险缴费期限的累计与衔接，可有效降低管理成本，且增加的基金支出有限。建议在失业人员领取失业保险金期间仍然参加基本医疗保险，缴费以失业保险金（或社会平均工资等其他指标）为基数，分别由失业保险基金和个人按照规定比例缴纳。此外，失业人员领取失业保险金期间，也可通过失业保险基金缴费帮助其参加基本养老保险。**二是进一步厘清失业保险基金和就业专项资金各自职能，失业保险基金不再安排用于促进就业的支出。** 目前，由于结余较多等原因，失业保险基金除用于保障失业人员基本生活外，还安排了促进就业的相关支出，特别是在扩大失业保险基金支出范围试点的地区，促进就业方面支出项目较多，包含了职业介绍补贴、职业培训补贴、职业技能鉴定补贴、社会保险补贴、岗位补贴、高校毕业生见习补贴、小额担保贷款贴息等很多内容，支出规模也较大，与财政安排的就业专项资金职能重叠。由于失业保险基金和就业专项资金性质、来源、管理方式不尽相同，失业保险基金在促进就业方面的效率较低、浪费严重等问题更加突出。考虑到目前各级财政安排的就业专项资金可以较好满足促进就业的资金需求，建议在降低失业保险费率的基础上，明确失业保险基金不再安排促进就业的支出，主要用于保障失业人员基本生活。

（二）抓好促进就业政策的落实、管理、评估、完善工作

"落实"就是大力落实好业已出台的各项就业扶持政策。目前我国的促进就业政策体系已经比较健全，关键是要做好政策的贯彻落实工作，同时根据情况发展进行必要的调整。需要强调的是，2008 年，为应对国际金融危机、稳定就业局势出台了"五缓四减三补贴"就业扶持政策，2009 年到期后，这项政策又延长一年，执行到 2010 年。结合近期经济回升向好的形势和企业运行情况的不断改善，2010 年具体执行这项政策时，在内容和力度方面与 2009 年相比可有所调整，以避免保护落后企业，影

响市场经济的公平有效竞争。2011 年此项政策不再延续。同时，落实税费优惠和财政补贴政策，为残疾人创造宽松的就业环境，提供便利的就业服务，继续对安排残疾人达不到规定比例的单位组织收缴残疾人就业保障金，依法保障残疾人就业权利。

"**管理**"就是进一步规范对就业专项资金的管理，并有效消化就业专项资金结余，同时还要大力规范和整顿职业培训机构和培训市场，增强培训的实际效果。

"**评估**"就是要着手对近年来促进就业政策的实施效果，特别是就业专项资金的支出效果进行更加深入系统的评价，为下一步调整完善积极就业政策打好基础。通过深入评估，要重点搞清楚以下几方面问题：在每年新增的就业岗位中，有多少岗位是实施积极就业政策的效果，有多少是其他方面因素创造的；积极就业政策创造就业岗位的平均财政成本是多少，与其他相关社会保障和民生支出的产出绩效相比如何；每项具体的积极就业政策在促进就业方面各自发挥作用的情况，哪些政策应加大力度，哪些政策应进行必要调整，哪些政策可以考虑暂停或取消等等。

"**完善**"就是在评估的基础上，根据形势发展需要，进一步完善就业政策。这里要强调两个问题：（1）进一步规范公益性岗位的设立。第一，公益性岗位的设立要从实际需要出发，不能"无中生有"，盲目开发。第二，除了政府直接购买岗位外，应尽可能采取政府发动有能力的企业提供岗位并给予补贴的方式。第三，应合理确定公益性岗位的安置对象，优先安置就业困难人员，并建立严格的动态管理机制。（2）着手推进就业税收优惠政策的整合。目前的税收优惠政策对于特定时期特殊群体就业再就

业发挥了积极作用，但也存在享受政策主体类型多、优惠方式不同和税收征管漏洞大等问题。下一步应加大整合力度，统一税收优惠政策享受条件，不再按身份区分；统一税收优惠方式，按人／户定额减免，建立起统一、积极、长效的税收政策扶持体系。

中期（2013—2020 年）：失业保险制度主要是改革失业保险待遇政策，实现失业保险基金省级统筹，健全失业保险与促进就业等政策联动机制。促进就业方面主要是推动实现"三个有效消除"的目标

（一）改革失业保险待遇政策

我国现行制度规定，失业保险金标准按照低于当地最低工资标准、高于城市居民最低生活保障标准的原则，由省级政府确定。从实际情况看，很多地方是以最低工资标准的一定比例计发失业保险金，普遍为 60%—70% 左右，失业保险金水平与个人失业前的工资水平并不挂钩。累计缴费时间满 1 年不足 5 年的，领取失业保险金最长 12 个月；满 5 年不足 10 年的，最长 18 个月；10 年以上的，最长为 24 个月。从发达国家的情况看，失业保险待遇一般都具有以下特点：一是失业保险金水平相对较高，如德国失业保险金为工资水平的 67%，荷兰为 70%，瑞典为 80%，葡萄牙规定失业保险金上限为最低工资标准的 3 倍。二是失业保险金领取时间相对较短，如意大利失业保险金领取时间一般为 6 个月，匈牙利失业保险金领取时间为 9 个月。三是失业保险金水平随时间逐步降低。捷克前 3 个月为工资 50%，此后为 45%；匈牙利前 3 个月按工资的 60% 计发，此后按最低工资的 60% 计发。四是对困难失业群体有所倾斜。如意大利规定 50 岁以上失业者领取失业保险金时间为 7 个月，比其他失业者多 1 个月。五是失业保险金的发放体现促进就业的政策取向，如捷克规定，对正在接受再就业培训的失业者失业保险金水平为工资的 60%，比其他失业者高 10%—15%。其制度设计的主要目的是不使失业人员生活水平过度下降，同时也避免失业人员对失业保险的依赖而长期不求职就业。上述制度设计理念，对调整我国的失业保险待遇政策有一定借鉴意义。

在中期应从以下方面研究调整我国的失业保险待遇政策：（1）**按照保证失业人员基本生活水平与基金承受能力相兼顾的原则，适当提高失业保险金给付水平。**具体可按照最低工资标准的一定比例加个人失业前工资水平的一定比例计发，并明确失业保险金的上限，但上限应比目前"低于最低工资标准"的规定有明显提高。各地可将当地社会平均工资或企业职工平均工资作为失业保险金的上限。此外，失业保险金水平应随着领取时间的延长逐步有所下降。同时参照最低工资标准和个人失业前工资水平确定失业保险金水平，并明确上限，既可以更好地体现权利义务相对应的原则，调动职工参保缴费积极性，也可以体现促进公平的作用，将失业保险待遇差距控制在合理水平内。（2）**适当降低领取失业保险金的最长期限。**为促进失业人员积极寻找就业岗位，在提高失业保险金标准的同时，应逐步降低领取失业保险金的最长期限。考虑到我国一直实行两年待遇期限的做法，缩短待遇期的步子不宜迈得过快，建议用6年的时间，通过每年减少2个月的做法，逐步将失业保险金的最长领取期限从 24 个月调整为 12 个月。同时对年龄较大的失业者和其他就业困难人员可给予适当照顾和倾斜。

（二）提高失业保险基金统筹层次，实行省级统筹

根据我国《失业保险条例》，失业保险基金主要实行市级统筹。从国外情况看，有的国家，如美国，失业保险是由州政府负责组织实施的，而日本、英国、加拿大等国则是由中央政府组织实施。由于失业保险不像养老保险那样具有职工年轻时为年老时积累权益的特点，且失业者一般会在当地重新就业，从失业到实现就业期间流动性低，特别是像我国这样地区差异较大的大国，失业保险由地方政府管理也是可以的，实行全国统筹的紧迫性不大。但从平衡地区间负担，增强基金抗风险能力的角度考虑，还是有必要适当提高统筹层次，实现省级统筹。

（三）建立起比较健全的失业保险与促进就业联动机制以及与其他制度的衔接机制

加强对失业人员的动态管理与就业服务，实现失业保险经办机构与公共就业服务机构一体化运作。在失业保险待遇审核、失业保险金发放、失业人员管理服务等方面，失业保险经办机构应与公共就业服务机构紧密结合，经办机构可以与公共就业服务

机构合并，也可以单设。及时了解和掌握失业人员求职、培训、重新就业等实际情况，进行分类管理、重点服务，为其提供及时、有效、针对性强的就业服务。同时，建立完善失业人员就业报告制度。失业人员需定期向基层经办机构报告求职和参加职业培训等情况。对连续两个月不报告求职和培训情况，或者拒绝就业服务机构职业介绍的，从第三个月起按暂不要求就业人员进行管理，停止其享受的失业保险待遇。

（四）完善失业率统计制度，实行调查失业率

目前我国实行的登记失业率制度，并不能全面、准确地反映我国的真实失业状况，不利于为制定宏观经济政策和促进就业政策提供科学的决策依据。相比之下，调查失业率口径更全面、手段更科学，更具有国际可比性，建议在"十二五"期间尽快完善调查失业率统计制度，在"十二五"末期即 2014—2015 年间正式向社会公布我国的调查失业率，同时做好劳动力参与率等指标的统计发布工作。

（五）推动实现就业工作"三个有效消除"的目标

1. 有效消除相关制度和技术障碍，建立起运转顺畅、全国统一、城乡一体的劳动力市场，进城务工人员享受到平等的就业权利、社会保障和公共服务，农民工概念基本消失

目前，由于进城务工人员与城市居民在身份地位、子女受

教育、就业社会保障和享受公共服务等方面权利仍不够平等，才产生了农民工这一特殊称谓。中期，应通过加大改革力度，推动建立起全国统一、城乡一体的劳动力市场。为此，一是要继续深化户籍制度改革，逐步并最终放开农民进城落户限制。同时，要将鼓励农民工进城落户与土地流转、宅基地流转有机结合起来，积极探索"土地换城镇社保，宅基地换城镇住房"问题。二是让农村劳动者和城市劳动者、外来务工者和本地职工享有同等的就业权利，废除歧视外来务工者的行业限制和用工制度，进一步加大对农民工的培训力度，并确保在各行业实现同工同酬。三是对农民工子女实行与城市市民同等的教育政策。四是将农民工纳入养老、医疗、工伤、失业、住房等各项社会保障制度覆盖范围，实现应保尽保。

2. 有效消除我国劳动力市场的总量供求矛盾和结构性供求矛盾，就业形势明显改观，农民工、大学生、残疾人等群体的就业问题得到较好解决

为此，一是采取加快城市化进程、加强和改进宏观调控以及大力促进现代服务业发展等措施，保持国民经济平稳快速发展并提高经济增长的就业弹性，以努力创造尽可能多的就业岗位和减少周期性失业，有效消除劳动力市场总量供求矛盾。二是进一步完善以劳动力市场需求为导向的教育和培训体制，在高等教育中扩大应用型、复合型、技能型人才培养规模，并健全面向全体劳动者的职业技能培训制度，提高人力资源开发的有效性，确保"人尽其才"，大大缓解结构性失业的矛盾。三是大力推进劳动力市场的信息化建设，加强公共就业服务能力，提高就业服务

效率，及时匹配劳动力供求，有效解决摩擦性失业问题。四是研究促进劳动力市场国际化的政策措施，并大力推动面向国际市场的劳动力培训，进一步开拓国际劳务市场。通过以上各项措施，并考虑到我国每年新增劳动力有所减少等因素，在中期，我国就业形势将明显改观，农村剩余劳动力转移取得新的重大阶段性成果，大学生就业难问题大大缓解，大学生创业比例明显提高。

3. 有效消除侵害劳动者权益的各类现象，劳动者权益得到较好保护，劳动纠纷明显减少，形成更加科学的劳动纠纷处理机制

远期（2021—2040 年）：主要是中国劳动力市场的国际化取得突破性进展

首先，要尽快在远期实现"人不分城乡、地不分南北"都能够完全享有平等的公民待遇和就业权益，同时在形成全国统一、城乡一体的劳动力市场且就业压力有效缓解的情况下，大力推动中国劳动力市场的国际化，基本形成比较完善的劳动力市场国际化政策体系。一方面是走出去，大量国内劳动者特别是高素质劳动力走向国际市场就业。另一方面是引进来，随着我国劳动力素质的明显提高，不仅将来一些对能力要求不高的就业岗位将大量吸收发展中国家劳动者就业以增强相关产业的竞争力，中国的高端产业和国际化大都市也将能够吸引到大批高素质国外人才前来就业。

健全七大保障体系之四：
救灾救济体系

　　救灾救济是国家和社会对依靠自身努力难以满足基本生存需求的公民给予的物质帮助和服务，是社会保障制度中最古老、最基础的组成部分，在缓解贫困、维护稳定、促进发展等方面发挥着重要作用。我国目前已经初步形成以城市居民最低生活保障制度、农村居民最低生活保障制度、自然灾害生活救助制度、农村五保供养制度、残疾人救助、农村特困户救助制度以及其他社会救济等为基础的救灾救济体系框架。进一步完善我国救灾救济体系，既要坚持底线公平原则，明确政府保障底线公平的责任，保障人类尊严和个体生存权利；也要注重效率原则，注重社会控制与成本约束，与积极的就业政策相结合，避免走福利国家"福利病"的老路。按照本书上篇的定义，通常所说的对残疾人和孤儿等群体的福利实际上也是一种救助政策，此外，目前我国慈善事业最主要还是体现在救灾救济方面，因此，这方面的内容也都在此集中阐述。具体来讲，近期、中期和远期健全和完善救灾救济体系要做好的工作是：

近期（到 2012 年底）：完善四项政策

1. 完善低保标准的动态调整和科学联动政策

近年来，通过不断提供低保标准，较好保障了困难群体的基本生活。但是，一些地方在调整低保标准时，随意性大，与其他相关社保待遇或工资政策衔接不够，甚至存在与其他地区简单攀比的问题。应抓紧制定比较规范的低保标准自动调整机制，这样既可避免因低保标准调整不到位而影响困难群体的基本生活，也可防止因低保标准提高幅度过大对促进就业等工作产生不利冲击。一般来讲，低保标准的调整可以有三种方案参照。方案一是绝对贫困方案，即只考虑食品消费指数的变化情况，这与我国各地普遍使用的市场菜篮法比较一致；方案二是基本生活方案，该方案不仅考虑食品消费，同时也将居住性消费（水电煤气取暖）考虑在内；方案三是相对贫困方案，即参照社会平均工资或城市家庭人均可支配收入增长的一定比例进行调整。三种方案不仅保障目标不同，对财政和享受待遇人数的影响差别也很大。笔者认为，方案一在保障困难群体基本生活方面的力度会有所欠缺，方案三对财政压力较大，对就业积极性的影响也较大。因此，根据食品消费和水电煤气取暖消费占家庭总收入的比例进行调整的方案二更适应我国低保制度，即：低保标准调整比例＝（食品价格

指数 × 低保家庭的食品消费占低保标准的比例）＋（水电煤气价格指数 × 低保家庭的水电煤气占低保标准的比例）。当然，这一方法在一定程度上取决于现有低保家庭的相关支出可测算并相对合理，需要有专业数据支撑。实际工作中还可参考国家统计局公布的贫困线指标，这一指标考虑了食物需求和其他必要的基本需求。

在建立低保标准动态调整机制的同时，还要切实落实低保补差发放要求，还原低保制度内涵，体现政策公平。目前，一些地区已经出现了低保补助标准基本达到甚至超过低保标准的现象，这很不正常，对低保边缘群体而言更不公平。因此，在具体实施低保政策时，一定要明确低保标准是自变量，而低保补助标准是因变量，应严格根据低保标准和低保对象的实际收入水平来计算低保补助标准，政府应通过合理确定低保标准来调控保障人数和保障水平，而不宜简单越过低保标准对低保补助标准直接进行调控。

2. 完善低保基础管理政策

针对低保基础管理工作中仍然存在的不够规范、"人情保"和"关系保"等问题，应从以下几方面着手进一步完善低保管理政策：一是健全低保对象家庭档案，实行分类管理。对规范低保制度而言，这是非常重要的一项基础性工作，必须本着真实、完整、及时的原则，对低保对象家庭档案进行分类建档和信息化管理，所有的低保对象分为长期保障对象、相对稳定保障对象和不稳定保障对象三类，分别执行不同的管理政策。二是建立低保管理部门与就业、扶贫部门共享的信息平台，及时掌握低保对象的就业状况。对有劳动能力、身体健康、年龄在50岁以下的申请人及其家庭成员，应在受理低保申请前推荐其就业，如无正当理由两次拒不就业，申请不予受理。三是加大收入核实力度，对申请人家庭正规就业收入、非正规就业收入及补偿性收入等进行全面核定。四是实行"以奖代补"政策，调动有关部门做好低保工作的积极性及低保对象就业的积极性。第一，对低保管理工作规范的地区给予适当奖励。第二，对实现就业的低保家庭给予奖励，以提高其就业积极性。比如说，在两年的政策连续时限内，根据低保对象就业后月收入的多少，按照收入的10%左右给予补贴，或按就业家庭原实际享受低保额与就业补贴的差额，给予一定比例的奖励。第三，对成绩突出的社区低保工作人员进行奖励，调动其工作积极性。

3. 完善自然灾害救助分级管理政策

目前，我国自然灾害救助工作中仍存在一些亟待解决的问题，主要是：现行特大自然灾害标准较为原则，政府间事权界定不够清晰合理，部分受灾地方过度依赖中央补助的现象依然存在，自然灾害救助分级管理体制没有得到较好落实；现行灾情评估制度缺乏科学的灾情核查手段和评估方法，各地核灾标准掌握宽严不一，一定程度上影响了资金分配的公平性和合理性；目前救灾救济项目多，涉及部门多，救助政策之间缺乏衔接，救助资金渠道比较分散，不利于提高资金的使用效益和加强资金的监管。因此，有必要进一步完善自然灾害救助工作分级管理政策，切实明确和细化中央政府和地方政府各自的职责。一是健全救灾工作分级管理，完善灾害等级划分标准和响应机制。现行自然灾害响应等级划分主要依据灾害死亡人口、转移安置人口或倒塌房屋的绝对数量，这一响应标准不能准确反映特大自然灾害对特定区域的影响程度。为进一步规范救灾分级管理工作，应进一步细化自然灾害认定标准体系，制定特大自然灾害应急响应工作规程。二是健全灾害损失评估制度，规范灾情统计上报工作。根据灾害发生规律和救灾工作需要，规范灾情核定办法，明确灾害发生、应急救助和恢复重建各个阶段灾情核定、统计的方法、内容和程序，逐步建立健全灾情评估体系；完善灾情统计上报信息管理系统，推广灾害信息员管理制度，逐步将灾情统计细化到县、乡、户。三是建立健全救灾资金分担机制，落实地方政府救灾主体责任。在合理划分中央和地方事权基础上，建立中央和地方自然灾害生活救助资金分级负担机制，明确中央和地方救灾责任，科学确定中央和地方自然灾害生活救助资金分担比例，调动地方政府救灾工作的积极性。时机成熟时，可考虑在地方政府自然灾害生活救助支出超过当地应负担部分的一定比例时，中央政府再按既定标准安排专项补助资金给予财力补助和奖励。四是有效整合各项救助政策措施，充分发挥资金使用效益。在受灾群众生活救助方面，做好农村低保制度与现行受灾群众救助以及其他农村困难群众生产生活扶持政策的衔接工作；在因灾倒损住房恢复重建方面，做好自然灾害生活救助和扶贫、移民搬迁、"农村安居工程"、农村危房改造以及农村贫困残疾人危房改造等政策间的衔接工作；在救灾管理部门方面，可考虑整合现有各级政府和有关部门救灾管理指挥机构，一并归口到各级政府应急办统一指挥。

4. 完善对慈善机构和慈善捐助的税收优惠政策和财政补助政策

税收优惠政策对慈善事业发展有积极推动作用。美国一项关于税收减免和志愿捐款之间关系的研究发现，如果去除免税额，96% 的巨额捐款者将大幅度削减其捐款数额。为促进我国慈善捐赠事业发展，一是出台统一完整的专门针对慈善事业和非营利组织的税收法律和规章制度，改变相关政策在各税种实体法中分散体现且不全面的状况。目前，我国涉及慈善事业的有《企业所得税法》、《公益事业捐赠法》、《关于完善城镇社会保障体系试点中有关所得税政策问题的通知》、《扶贫、非营利性捐赠物资免进口税收暂行办法》等多部税收法规。应在此基础上出台一部完整的关于慈善事业发展的税收法规，以统一和明确相关政策。二是推动"普惠制"税收优惠政策的出台，改变对于慈善机构的免税政策仍然采取"特批"制度、仅仅列举名单上特许的部分公益组织的现状，逐步转变到规定某类机构可以统一享受捐赠者全免税前企业所得税和个人所得税的政策，为各类慈善机构营造一个公平的发展环境。三是进一步规范慈善捐赠的免税政策。现行税收政策对所得税税前捐赠扣除的操作性规定不很具体，在纳税期与捐赠扣除时间的问题上，企业所得税以年度为纳税期，个人所得税不同税目分别以日、月、年为纳税期，纳税人某日发生的捐赠能够在哪一个纳税期抵扣、对巨额捐赠能否跨纳税期抵扣等问题没有明确规定；对于同一纳税人有多个纳税地点情况下捐赠所得税税前扣除如何进行等问题没有规定；对可扣除捐赠使用的票证方面也没有统一规定。建议捐赠扣除应当在捐赠发生时间的

纳税期内进行，以次、月为纳税期的应当在捐赠发生时间的年度
内、以当年纳税所得额为基数计算可扣除数额，在年终进行汇算
清缴；对一次捐赠数额巨大，达到或超过年应纳税所得额一定比
率的允许加成扣除或延长扣除年限。此外，我国的免税程序相对
比较繁琐，效率不高，捐赠人为得到免税付出的时间成本太高，
应从便利捐赠人的角度出发适当简化免税程序。四是健全实物捐
赠的价值认定办法。对进行实物捐赠的企业，要准确核定其所捐
物品价值，既要防止估值偏低影响企业捐赠积极性，也要避免估
值过高造成国家税收的流失。五是对符合条件的民间慈善组织给
予必要的财政补贴，或实行重点项目民办公助的办法，推动民间
慈善组织的发展壮大。对表现突出的民间慈善组织，还应通过表
彰等方式给予精神鼓励。

中期（2013—2020年）：实现两个整合，推进两项改革

**1. 将农村五保供养制度职能整合进其他相关社会保障制度，
不再单独保留农村五保供养制度**

产生于传统赈灾救济之中的农村五保供养制度是依托农村
集体经济形式，在20世纪五六十年代逐渐建立和发展起来的农
村生活救助制度，其主要内容是对农村居民中的"三无"老年
人、残疾人和未成年人实行"吃、穿、住、医、葬"（其中，"葬"
对未成年人来说是"教"）五个方面的保障。城镇类似的"三无"

人员主要通过福利机构供养。下一步，随着农村低保、新农合和农村医疗救助、农村住房保障等社会保障制度的不断完善，特别是中期以后新型农村社会养老保险制度建设的全面铺开，农村五保对象的基本保障需求可以通过以上制度得到满足，农村五保供养制度单独存在的必要性已不是很大，从促进社会救助体系的统一性和规范性的角度出发，应将农村五保供养制度职能整合进其他相关社会保障制度，不再单独保留。这绝不是要降低对五保对象的保障力度，而是为了进一步加强各项社会保障制度和各类保障群体之间的衔接，以及充分发挥专项保障制度的作用，更好地保障五保对象的基本生活。具体来讲：（1）农村五保对象的医疗问题可通过新农合和农村医疗救助制度解决，并在保障水平如报销范围、报销比例、报销门槛等方面给予必要照顾。（2）分散供养农村五保对象的住房问题可通过农村危房改造等住房保障制度解决，并给予必要倾斜。集中供养五保对象的住房问题可通过加大对农村敬老院、社会福利中心、社会福利院的新建和维修改造力度解决。（3）对农村五保对象中的老年人及残疾人的吃、穿等日常生活，可按照就高不就低的原则，由各地掌握是纳入农村低保制度还是新农保制度（就目前情况来看，由于中央规定的新农保基础养老金水平为 55 元，而 2009 年农村低保标准平均为 101 元，农村五保对象因没有收入可以全额享受平均 101 元的低保金，因此，在一些地区农村低保能够给五保对象提供比新农保更高的待遇水平）。（4）对生活自理能力受到较大影响的五保对象，可通过在养老保障体系建设部分中建议设立的困难老人护理服务专项资金给予支持，让其进入养老服务机构接受护理服务并减免相关费用。（5）对五保供养对象的保葬问题，可通过积极推行殡葬改革，对困难群众实施基本殡葬服务免费措施予以解决。（6）最后突出强调的一点是，要切实做好五保对象中孤儿的各项保障工作，依法切实健全未成年孤儿的监护制度，实施孤儿基本养育政策，大力推进孤儿大病医疗救助，因地制宜解决好孤儿住房问题，全面改善孤儿福利机构条件，努力落实孤儿教育保障制度，完善落实孤儿就业政策。通过完善相关政策，不仅使他们在基本生活方面得到有效保障，更要为他们的成长和发展尽可能创造好的条件。

2. 整合城乡低保资金，统筹城乡低保管理

一是资金的整合。中央财政及地方各级财政安排的城市居民最低生活保障补助资金和农村居民最低生活保障补助资金整合为统一的居民最低生活保障补助资金，作为一笔专项资金统筹安排和使用。二是制度和管理的整合。在同一个县市，无论是城市困难群体还是农村（特别是近郊农村）困难群体，其面对的基本生活必需品价格水平并不存在很大差异，低保标准也不应有太大差异。与城镇居民相比，农民普遍拥有土地并可从中获取一定的收入，但应按照"桥归桥、路归路"的原则，在核定低保对象收入时将其计入并相应扣减低保补助水平，而不能借此降低农村低保标准。目前，有的县市城乡低保标准差距过大，但也有一些县市实现了城乡低保标准的统一，或建立了城乡两个低保标准联动的挂钩机制。为体现城乡公平性、降低制度管理成本，在中期，各县市应在逐步缩小城乡低保标准差距的基础上，尽可能将城市居民最低生活保障制度与农村居民最低生活保障制度逐步整合为统一的居民低保制度，同时根据困难家庭具体情况的不同予以分类施保，而不宜简单根据其是城市居民还是农村居民设定不同保障标准。

3. 大力推动巨灾保险制度改革，研究制定鼓励商业保险参与救灾的政策

大力推进灾害保险特别是巨灾保险制度建设，一是要坚持政府引导、市场主办。要明确巨灾保险是具有政策性保险性质的商业保险，既要发挥政府在巨灾保险基金建立和管理中的引导作用，又要实行商业化、市场化运作。在巨灾保险建立初期，政府应在相关法律制度的制定、运作机制的安排、税收的减免、费率厘定的技术支持及相关监管、对巨灾保险的再保险机制等方面给予大力支持，制定出适合我国实际情况的巨灾保险相关政策。巨灾保险的具体运作要尽量市场化，有关具体经办业务应交由商业保险公司负责。二是完善巨灾保险的再保险机制甚至是针对超级巨灾的"再再保险"机制，以有效分散巨灾保险的风险。单独一家商业保险公司是无法抵御巨灾损失的，应完善再保险机制，建立巨灾再保险公司，承保巨灾保险的保险公司可以在收取保费后投保再保险，或者是联合起来组成巨灾共保体以共同承担巨灾风险。还可考虑由政府主导建立国家巨灾保险基金，在发生超级巨灾的情况下为再保险公司提供"再再保险"，进一步分散风险。基金部分由政府财政拨款，部分来自商业保险公司组成的巨灾共保体支付的再保险费，还可以通过发行政府公债、发行巨灾债券等资本市场的运作方式以及社会捐赠来扩充。在日本，地震灾害保险中，一次地震后所有财产保险公司的支付上限为5万亿日元，超出部分由政府、财险公司与地震再保险公司进行分担，分担比例分为三个等级，三级合计，政府承担约82.44%的风险，地震再保险公司承担约9.04%的风险，财险公司承担约8.53%的风险。三是要先行试点，逐步推进。巨灾保险制度设计比较复杂，可先进行试点，总结经验后再全面推广。比如，最初可先选择部分省市（如台风多发区、地震多发区）、从单个自然灾害项目（如台风、洪水或地震）入手、针对部分对象（比如先是房产等家庭财产）来推动巨灾保险工作，经验成熟后再推广到全国各地、各类自然重大灾害和各类财产损失。四是对家庭财产和企业财产制定不同的巨灾保险政策。对参加巨灾保险的家庭，政府应对其参保的保费给予一定补贴，同时明确其非营利性质，费率厘定不含利润，政府对巨灾保险的保费补贴可通过调整部分自然灾害生活救助资金的用途和补助标准实现。同时，要拉开保险赔偿标准与政府自然灾害生活救助补助标准的差距，增强人们参加巨灾保险的积极性。企业的巨灾保险原则上政府不给予补贴，而且要强制参加。这是因为公民个人承担巨灾风险的能力较低，需要政府提供支持，以保证社会的安定，而企业可以自负盈亏。五是税收优惠。对投保巨灾保险的，政府应对其保费给予所得税减免。日本对地震保费国税实行全额免税扣除，地税实行1/2金额免税扣除。

4.改革对慈善组织的管理体制

首先，要淡化慈善组织和慈善事业的行政色彩，推动民间公益组织逐步成为慈善事业的举办主体。我国很多慈善机构具有明显的官方色彩甚至基本行政化，捐赠活动大多具有明显的政府主导色彩。这不利于培养公民的自觉慈善意识和社会责任感。慈善事业要想真正健康发展，必须逐步从官办为主转向民办为主，实行自治管理，形成以民间公益组织举办慈善事业为主的格局。第二，取消现行法制中要求慈善机构必须有业务主管单位的规定，让慈善机构真正独立承担起自己的民事责任。第三，放宽对慈善组织成立的限制条件，如降低注册资金要求，允许慈善组织开展多元化投资运作等。第四，逐步实施和推广对慈善组织的资格认证和等级评定制度，尤其需要建立诚信记录档案和诚信评估制度。第五，强化登记管理机关和税务机关对慈善组织的监督管理，定期了解慈善组织的财务状况、公益活动开展情况、遵守财税法规情况和内部制度建设情况。第六，进一步研究制定规范慈善组织行为的法律法规，建立健全慈善组织适用的财务会计制度。

远期（2021—2040 年）：推进一项改革，健全一个体系，开征两个税种

1. 本着从"消极福利"到"积极福利"的原则，推进低保制度改革，针对无劳动能力群体和有劳动能力群体分别实施不同的救助政策

目前我国实行的低保政策没有根据有无劳动能力对不同性质的群体进行区分，不利于与促进就业政策做好衔接。在这方

面，美国的社会救助制度要比欧洲国家的救助制度对我们更具有借鉴意义，特别是美国在 20 世纪 90 年代对社会救助政策进行改革后，社会救助和福利更加突出以就业为导向。美国社会救助的基本特征就是将有劳动能力的群体和无劳动能力的群体纳入不同的政策框架（前者是贫困家庭临时救助计划，简称 TANF；后者是补充保障收入计划，简称 SSI），且对有劳动能力群体的救助主要针对有未成年子女的家庭。我国也应适时改造低保制度，以家庭为单位进行审核，以个人为单位实施救助，对有劳动能力群体和无劳动能力群体分别实施不同的救助政策，使之成为专门针对老年人、重度残疾人和儿童等无劳动能力群体的基本生活救助制度。对贫困家庭中无劳动能力的老年人、重度残疾人和儿童，继续按照现行的政策规定给予救助，对贫困家庭中有劳动能力的成员，一是救助标准应有所下调，二是救助期限应明确界定，不能无限期享受，对不接受职业介绍的，也应取消低保资格，以鼓励其积极就业。

2. 健全残疾人无障碍服务体系

进一步完善各类公共服务设施建设规划和加大投入，2030 年前在全国范围内基本建立起比较健全的残疾人无障碍服务体系（大中城市应更早实现这一目标）。比如，各类公共活动场所都修建起完备的方便残疾人使用的坡道、扶手、盲道、盲人指路牌，在必要的地方都配备轮椅车、升降台等设施，公共交通工具都配备残疾人专用座位，确保残疾人在公共设施能得到工作人员和义工的服务等等。通过以上措施，为残疾人日常生活和参与社会活动提供尽可能多的方便，使其生活质量得到明显提高。

3. 开征遗产税、赠与税

开征遗产税、赠与税，有利于提高高收入阶层捐赠的积极性，使富豪更愿意步入慈善之门，而非把积累的财富留给子孙后代。如果说对慈善组织和慈善捐赠的税收优惠是一种"疏"的政策，将社会资金疏向慈善事业；那么开征遗产税、赠与税则是一项"堵"的政策，适当"堵"住富豪后代继承遗产的空间。为确保遗产税、赠与税能够达到预期效果，要在中期抓紧建立个人资产档案管理和价值评估制度，并健全防止个人资产向境外转移的约束制度，在 2030 年之前出台遗产税和赠与税。

健全七大保障体系之五：
优抚保障体系

优抚安置是一项特殊的社会保障制度，伴随着军队的产生而建立，并随着军队的发展而逐步加以完善。其保障对象主要是以军人及其家属为主体的，为国家做出牺牲和奉献的特殊社会群体。优抚安置政策体现的是国家和社会对保障对象所做牺牲及特殊奉献的补偿与褒奖，并适应国防建设和军队改革的需要，根据国情和兵役制度不断调整。与小国全民强制兵役和部分国家的军队职业化不同，我国实行的是义务兵与志愿兵相结合的兵役制度，部分国民承担了国防义务，因此全社会应对这部分人予以优待，对其中的伤亡人员及家属给予抚恤褒奖，对退出现役的军人予以安置。从褒奖和补偿的角度考虑，优抚安置标准不同于一般社会成员"保基本"的救助标准，要优于它并确保其生活水平高于当地平均生活水平。同时，能够优先优惠享受政府和社会提供的形式多样的扶持政策和公共服务。在近期、中期和远期，应从以下方面进一步健全我国的优抚保障体系，使那些为国家和社会做出牺牲和特殊奉献的群体"奉有所优"。

近期（到 2012 年底）：主要是提高标准、明晰责任、加强衔接

1. 提高优抚对象保障标准，建立优抚保障待遇科学调整机制

要按照保障水平与经济社会发展同步增长的原则，适当提高优抚对象抚恤和生活补助、军休人员生活和医疗待遇、退役士兵安置和教育培训、自主择业军转干部退役金等相关优抚待遇的保障标准。同时，尽快建立起科学合理的优抚保障标准自然增长机制，根据相关因素的变化调整优抚保障水平，尽量避免优抚保障标准调整中存在的随意性、被动性、滞后性。与有的社会保障标准调整机制不同，优抚保障标准不宜仅仅或主要根据物价变动来调整，而应更多地与工资增长水平、人均收入增长水平、经济增长水平等指标挂钩，使优抚对象能够更多地分享到经济发展和社会进步的成果。

2. 合理强化中央政府在优抚保障体系建设中的支出责任

目前，我国优抚安置经费保障实行中央财政与地方财政共同负责、分类负担的体制。有些经费，如自主择业军队转业干部退役金与生活性补贴，移交政府安置的军队离休退休干部住房补贴，"三红"（在乡退伍红军老战士、在乡西路军红军老战士、红军失散人员）、"三属"（烈士家属、因公牺牲军人家属、病故军

人家属）及伤残军人抚恤补助金等等主要由中央财政承担。有些经费，如在乡老复员军人和带病回乡退伍军人的补助金、退役士兵自谋职业一次性经济补助金和医疗、生活困难经济补助等，原则上由地方财政承担，中央财政对困难地区给予适当补助。此外，像军队离休退休干部服务管理所需经费、军队转业干部培训经费、军队离休退休干部医疗经费、残疾退役士兵建（买）房补助经费由中央财政按一定标准安排后的不足部分，也由地方财政承担。优抚安置作为服务国防和军队建设的一项重要工作，本质上属于全国性公共产品，应属于中央事权。为避免产生兵员大省贡献大则压力大的不合理现象，以及因不同地区经济发展水平和财力不同而造成国家相关优抚安置政策落实情况的差异，应进一步强化中央政府的支出责任。一方面，目前按规定由地方财政承担的一些补助项目，应研究怎样逐步转由中央财政为主承担的办法。另一方面，对明确由中央财政承担的项目，要科学确定补助标准，原则上不留经费硬缺口并让地方财政补足。另外，要按照科学化精细化管理的要求，逐步夯实优抚安置对象基本情况信息管理和统计信息工作，为中央财政安排补助资金提供精准依据。

　　3. **加强优抚安置政策与其他相关社会保障政策的衔接**

　　为加强优抚安置政策与其他相关社会保障政策的衔接，应首先将符合条件的各类优抚对象和其他社会成员一样纳入相应的社会保障体系，再由优抚保障体系通过叠加的方式给予额外的特殊保障。也就是说，应将优抚保障政策设计为在国家基本保障之上对特殊群体的补充保障政策。优抚对象的医疗保障制度改革已经体现了这一原则，退出现役的残疾军人、在乡复员军人、带病回乡退伍军人以及享受国家抚恤和生活补助的烈士遗属、因公牺牲军人遗属、病故军人遗属、参战退役人员等优抚对象先按照属地原则纳入城镇职工基本医疗保险、城镇居民基本医疗保险、新型农村合作医疗和城乡医疗救助体系，在此基础上再享受优抚对象医疗补助。这有利于妥善衔接相关群体政策和待遇，使优抚政策的优惠性得到较好体现。在中期，要通过改革相关优抚政策进一步体现这一基本原则。但现在就应研究以下问题：（1）进一步做好抚恤政策与工伤保险政策的衔接。如何将军人纳入工伤保险制度覆盖范围，伤残军人和因公牺牲军人在享受工伤保险待遇以及国家对残疾人优惠政策的基础上，再由优抚制度给予一定标准的抚恤金等额外保障。（2）孤老优抚对象首先应纳入社会养老保险制度覆盖范围，享受相应的社会养老保险待遇，在此基础上再由优抚制度给予一定标准的抚恤补助金。

4. 统一烈士褒扬待遇调整机制

目前，烈士一次性抚恤金与本人生前工资的一定倍数挂钩，导致了待遇不公平现象。同时，军队和公安部门间又有差异。为此，要尽快研究如何规范统一烈士褒扬待遇调整机制，国家设立烈士褒扬金制度，以全国职工平均工资为统一基数核算褒扬金标准。为体现公平性，可以建议中央财政负担所需支出。

5. 进一步健全扶持优抚对象家庭发展生产的政策

我国部分优抚对象家庭，特别是伤残军人、在乡老复员军人、带病回乡退伍军人家庭，由于身体弱残等原因，参与社会竞争的能力不足，自我保障、自我发展的能力薄弱。如果仅仅依靠抚恤补助，不充分发挥优抚对象家庭自身的作用，难以从根本上解决优抚保障问题，不可能使广大优抚对象脱贫致富奔小康。因此，要通过资金信贷、技术帮扶等各项倾斜性政策，为优抚对象家庭发展生产创造良好的条件。还要积极开展对口帮扶活动，扶持优抚对象家庭发展生产、专人包户、责任到人，使他们能够脱贫致富，奔向更加富裕的未来。

中期（2013—2020 年）：主要是完善优抚安置管理体制，大力推进货币化安置，逐步统一城乡优抚标准，推动优抚服务的社会化

1. 完善优抚安置管理体制，由中央统一行使优抚安置管理责任

在合理强化中央政府对优抚安置工作支出责任的基础上，中期要进一步调整完善优抚安置管理体制，进一步强化中央政府对优抚安置工作的管理责任，以解决有的优抚安置政策在部分地区落实不力等问题。具体可考虑设立专门的退伍军人事务部门，合并民政部门和人力资源社会保障部门的有关职能，并在全国设立直属办事机构来具体执行各项优抚安置政策。

2. 改革退役军人安置政策，大力推进货币化安置

虽然我国对转业干部和退役士兵等退役军人的安置政策进行了多次调整改革，但仍然具有比较明显的行政主导特征。在市场体制不很成熟、就业形势比较严峻和国家财力不太雄厚的情况

下，这种安置政策对维护退役军人的合法权益、维护社会稳定发挥了积极作用，也能够减轻政府的安置支出压力。随着市场化的不断推进、企业单位用工自主权增强和以"小政府、大服务"为目标的行政管理体制改革的日益深入，安置政策执行过程中面临的问题越来越突出。在中期，应分步推进货币化安置，适时适度取消计划分配和政府安排工作的做法。一是退役士兵不再由政府安排工作，逐步实现自主就业，并相应领取一次性退役金。二是将转业干部自主择业政策的适用对象，由军龄满 20 年的师、团、营级职务军人逐步放宽到所有符合转业条件的军官，相应压缩和最终取消转业干部的计划分配，变当前计划分配与自主择业双轨并行的安置政策为统一的自主择业政策。三是进一步完善货币化安置的具体方式并合理提高安置标准。服役时间较短的退役士兵主要是领取一次性退役金。对军龄较长、年纪较大、就业相对困难的转业干部和转业士官，则应以逐月发放退役金为主。退休军人和无军籍职工，应按规定发放退休金。既可以是一次性退役金，也可以是逐月发放退役金，或两者结合。四是在统一的促进就业政策体系内，进一步完善和落实对退役军人的相关就业优惠政策，加强就业服务，使他们退役后能够找到比较满意的工作。对选择继续接受普通高等教育或高等职业教育的退役士兵，也要切实加大扶持力度。

3. 积极推动部分抚恤标准的城乡统一

按照《军人抚恤优待条例》的规定，目前定期抚恤金的标准分别参照城乡居民生活水平确定，因此，现行标准仍然存在一定的城乡差别。比如，2009 年 10 月 1 日起开始执行的烈属、因公牺牲军人遗属、病故军人遗属定期抚恤金标准，对户籍在城镇的"三属"补助分别为 7 940 元／年、7 110 元／年、6 690 元／年，对户籍在农村的"三属"补助分别为 4 760 元／年、4 550 元／年、4 350 元／年。尽管目前农村居民平均收入水平和生活成本比城市居民要低一些，但这并不能作为制定差异性抚恤标准的依据，因为不同地区的城市居民在收入水平和生活成本方面同样存在较大差异。抚恤政策作为一种褒扬政策而非救济政策，对为共和国做出了牺牲和奉献的军人及其家属，应无论城乡户籍都执行同样的标准。建议今后在提高定期抚恤金标准时注意向农村户籍军人进一步倾斜，逐步缩小差距，在中期实现标准的统一。

4. 积极培育和发展社会组织参与优抚保障

目前，社会力量参与优抚保障的途径还不是很多，优抚保障工作的社会化程度不高。下一步，应大力鼓励和引导社会组织参与优抚保障。可考虑从现有的基层群众性优抚服务组织中，引导一批经济实力强、管理规范、制度健全、有一定专业水平的组织，转变为具有独立法人资格的社会团体或民间机构，使其实体化、专业化，成为职业化的、从事优抚保障的社会团体或民间机构，为优抚对象提供医疗、康复、保健、代养以及社会公益服务。这样，既能切实履行政府职能，又能充分利用社会财力、人力、物力以及管理服务的优势，更好地为广大优抚对象服务。

5. 进一步加强优抚文化建设

加强优抚事业单位建设，改善光荣院、优抚医院等优抚事业单位的条件，为孤残优抚对象提供更优质的服务。合理规划，加强管理，维护好国内外烈士纪念物，充分发挥优抚褒扬和爱国主义教育作用。同时，要大力宣传优抚工作的重要意义，大力表彰优抚工作先进单位和个人，努力在社会上形成人人关注优抚事业、人人关心优抚对象、人人支持优抚工作的氛围，为优抚事业发展创造更加良好的软环境。

远期（2021—2040 年）：主要是进一步完善制度体系和提升管理效率

在中期的基础上，一是进一步提高优抚政策保障水平，使他们能够较好地分享到经济发展的成果。二是合理增加优抚对象福利项目，在切实保障优抚对象基本生活、医疗、护理、住房等各方面物质需求的同时，通过制度化的组织旅游观光、举办娱乐活动、观看文艺演出等各种方式，大大丰富每一位优抚对象的精神生活。三是大力提升各项优抚安置制度的管理效率，基本建立起比较健全的优抚安置体系。

住房问题是最基本的民生问题之一。古人即有"安得广厦千万间，大庇天下寒士俱欢颜，风雨不动安如山"的梦想与呼唤。党的十七大更是将"住有所居"作为加快推进以改善民生为重点的社会建设的重要目标之一。面对城乡居民的迫切需求，政府要加强宏观调控，通过合理配置资源，构建多层次、多元化的住房保障体系。在规范房地产市场管理、促进房地产业健康发展的同时，将更多财力物力投入到保障性安居工程，帮助住房困难低收入家庭获得基本住房保障，刺激国内消费市场，带动相关产业发展。

1998 年我国开始推进住房体制改革，停止福利分房、实行住房分配货币化。应该讲，无论是对应对亚洲金融危机、还是加快发展我国房地产市场、切实缓解住房困难问题，都起到了巨大作用。2008 年以来，我国住房保障体系建设又取得了较大发展，为有效应对国际金融危机冲击、进一步解决低收入者住房困难问题，发挥了应有作用。2009 年，仅中央财政安排的保障性安居工程补助资金就达到 551 亿元，比 2008 年增长 2 倍。新建、改扩建各类保障性住房 200 万套，棚户区改造解决住房 130 万套，帮助 80 万户农民实现危房改造。2010 年，安排保障性安居工程资金 642 亿元，比 2009 年增长 16.5%；住房和城乡建设部与各省人民政府签订的当年各类保障性安居工程任务达 798.92 万套。但是，与满足全体人民的基本住房需求这一目标相比，目前住房保障工作还有较大差距。

为促进房地产业的健康发展，总的目标应该是合理界定政府与市场在解决住房问题上的职能作用，大多数居民应当通过市场解决住房问题，政府重点是解决城乡低收入家庭住房困难，建立健全住房保障体系，利用财税金融土地政策调节市场，保持市场供需基本平衡，确保城乡居民"住有所居"。就大力完善住房保障体系，近期、中期和远期应做好如下工作：

近期（2012 年底前）：主要是扩大住房保障覆盖面，健全和完善住房保障政策体系

到 2012 年，住房保障体系建设的基本目标是，扩大城乡住房保障覆盖面，完善住房保障政策，制度建设取得突破性进展。为此，要着力做好以下几方面工作：

1. 科学界定住房保障对象，扩大住房保障覆盖面，加强保障性住房建设和分配管理

一是完善城乡低收入住房困难家庭认定办法。市县人民政府要完善城乡低收入住房困难家庭的具体认定办法，根据当地财力状况，住房状况，科学界定廉租住房、经济适用房、农村危房改造等住房保障对象标准。**二是认真做好城乡低收入家庭住房状况调查。**在调查基础上，抓紧编制 2010—2012 年住房保障规划及分年度实施计划，优先解决好低保对象等最低收入家庭的住房保障问题。加强住房保障部门、民政部门、房产管理部门、街道办事处、社区、就业机构、村委会以及银行之间的沟通合作，对住房困难的城乡低收入家庭进行动态管理。**三是扩大住房保障覆盖面，提高住房保障标准。**根据各地财力状况，适当扩大住房保障覆盖面，将农村危房改造扩展到全国所有市县，提高廉租住房租赁补贴标准，使更多城乡住房困难低收入家庭享受基本住房保障。**四是健全公示制度，实行阳光操作。**建立街道、社区、村委会公示制度，接受社会公众监督，防止不符合条件的家庭享受保障性住房政策。**五是要严格按照标准建设保障性住房。**政府提供的保障性住房旨在解决低收入家庭的基本住房需求。因此，国家规定廉租房建筑面积控制在 50 平方米以内，经济适用房建筑面积控制在 60 平方米左右，农村危房改造面积控制在 40—60 平方米。各地在建设保障性住房时要严格执行这一标准，切实体现保障性住房的"基本性"，这也有利于用有限的住房保障资金解决更多低收入家庭的住房困难问题。**六是建立严格的经济适用房"内部循环"制度。**家庭购买经济适用房 5 年以后需要转让的，

也只能按照政府规定的价格转让给符合经济适用房购买条件的低收入者或者由政府进行回购，不得再向市场出售，避免通过购买经济适用房牟利，以及重复建设造成的经济适用房资产流失。

2. 完善低收入家庭住房保障方式，试行保障性住房共有产权制度

一是因地制宜确定廉租房保障方式。对于一些人均住房面积较大、房价不高、小户型房源较多的地区，可主要实行租赁补贴，由廉租房保障对象自主在市场上选择宜居住房。对于一些小户型房源相对短缺的地区，可由政府购建廉租房，面向"孤、老、病、残"进行实物配租。政府购建廉租房应主要通过收购二手住房、收购其他房屋改造为廉租房以及在经济适用房小区中"插花"建设廉租房的方式，并纳入政府采购范围，以努力降低购建成本。**二是完善廉租房租赁补贴发放方式。**目前，一些地区主要采取先将租金发放给住房困难家庭，然后再由其租房或购房的方式，这样并不能保证困难家庭将补贴用于住房方面。据有的地区调查，有 50% 以上得到住房补贴的家庭没有将其用于改善居住条件上，影响了政策实施效果。应采取在困难家庭租房后将租赁补贴直接发放给房屋出租人的方式，由出租人凭廉租房管理部门向困难家庭发放的租赁书面通知单和身份证到指定的地点或银行去领取。这有利于保障专款专用，切实改善廉租户的住房条件，还能够打消出租人对于不能顺利收到租金的顾虑，提高出租房屋的积极性。**三是探索推进廉租房等保障性住房的"共有产权"管理。**在保留一定数量实物配租廉租房、满足最困难群体住房需求的条件下，允许低收入家庭按照成本价或略低于成本价购买廉租房的部分产权，形成国有产权和保障对象私有产权的"共有产权"，国有产权由政府投入的廉租房建设资金形成。对共有产权廉租房，低收入家庭可按比例相应减少缴纳的租金，一定年限以后，还可以买下政府手中的部分产权，拥有完全产权。这有利于筹集更多资金用于廉租房建设，也能够调动保障对象积极性，爱护好自己的住房，并满足有条件的低收入家庭拥有"恒产"的愿望。**四是改变经济适用房"只售不租"模式，允许"租售并举"。**所谓租售并举，就是拿出一部分经济适用房，按照低于市场租金的标准向低收入家庭出租，月租金支出占中低收入家庭平均可支配收入的比重应掌握在20%—30%之间。低收入家庭可以根据自己的经济支付能力和需要情况自主选择是购买还是租住经济适用房。**五是探索改革经济适用房补助机制，政府"暗补"变"明补"，由"补砖头"改为"补人头"。**经济适用房目前实行的主要是通过补贴开发商（"补砖头"）进而间接补贴购房者的操作模式，应探索改革这一补助机制，由政府直接补贴最终消费者（"补人头"）。也就是说，所有住宅用地都通过挂牌、招标、拍卖的方式供应，将其中部分土地净收益作为购租房补贴费用，由政府发放给符合经济适用房购买、租赁条件的低收入住房困难家庭，并实行不购不补、不租不补。通过改革经济适用房补贴机制，一是有利于推动建立统一规范的房地产市场，克服"双轨制"的种种弊端；二是能够真正使"经济适用房具有社会保障性质的政策"落到实处；三是可以增加居民住房的自由选择程度，推动住房二级市场和住房租赁市场的发展。**六是妥善处理农村危房改造中重建和维修的关系。**农村危房改造不等于全部推倒重建，可以采取加固、维修的方式，以减轻农民负担。

3. 加大住房保障投入，整合住房保障资金

多渠道筹措资金，加大城镇廉租房、经济适用房和农村危房改造建设投入力度，更好地满足低收入家庭的基本住房需求。**一是继续增加各级财政投入**。根据 2010—2012 年住房保障规划及分年度实施计划，继续加大中央和地方各级财政对保障性安居工程的投入，保障相关任务和计划按时完成。**二是确保住房公积金和土地出让净收益按规定用于廉租房保障**。确保住房公积金增值收益扣除提取贷款风险准备金和管理费用后的余额全部用于廉租房保障支出，严格按照规定比例从土地出让净收益中列支补充廉租房保障的资金。**三是整合中央廉租住房补助资金**。将中央廉租房保障专项补助资金和新建廉租房保障投资补助资金整合为中央廉租房保障专项补助资金，由中央财政统一下达地方，统筹安排用于发放租赁补贴或购建廉租房。**四是建立完善农村危房改造资金整合机制**。坚持以县为主的整合方式，按照"统一规划、渠道不乱、用途不变、捆绑使用、各记其功"的原则，整合农村危房改造、抗震安居工程、游牧民定居工程、扶贫开发、残疾人危房改造、新农村建设和沼气等其他支农惠农等相关政策和补助资金，以农村危房改造为平台，多方位、多层次支持开展相关工作，全面改善农民生活条件。**五是加大对保障性住房建设的信贷支持力度**。在利率、期限、项目资本金等方面做出特殊规定，引导商业银行在风险可控、保本微利的基础上支持农村危房改造和经济适用房建设。同时，落实住房公积金闲置资金支持经济适用房等建设的政策，加强贷款回收管理，防范住房公积金项目贷款

风险。**六是完善住房保障资金的管理和追踪问效制度。**健全住房保障资金管理信息系统，及时、全面反映廉租房保障资金、经济适用房货币化补贴资金和农村危房改造资金安排、拨付、发放和使用情况，并加强对住房保障资金使用情况的交叉检查。

4.研究对中低收入家庭购房给予适当优惠政策

不断提高对中低收入家庭的住房保障水平，应该作为宏观调控政策的重要着力点之一。在落实和完善解决城乡低收入家庭住房困难的有关政策措施的基础上，应重视研究如何对中等收入家庭购房给予政策支持，因为中等收入家庭不属于经济适用房、公租房和廉租房的供应对象，但与高收入家庭相比，特别是在一些地区，其购买商品房确实面临着一些制约和困难。因此，可以根据整个宏观经济情况，研究制定必要的政策对其购买商品房给予适当扶持。**一是研究探讨其住房消费的税收政策，研究进一步完善住房公积金贷款政策。**为鼓励国民购房置业，发达国家普遍实行对房贷利息支出扣减个人所得税税基的政策。之所以将房贷利息而非房贷本息豁免所得税，是因为利息乃购房的一项成本支出，而本金还款则是一种资产积累的储蓄行为。为帮助中等收入家庭解决住房保障问题，我国也可研究探讨在税收上对购买自住且户型面积和住房价格在一定标准以内普通商品住房的中等收入家庭采取适当的鼓励措施，同时适当下调住房公积金贷款利率。**二是加快研究建立家庭住房贷款风险管理制度。**通过建立风险共担体系，在支持中等收入家庭购房的同时，规范住房贷款风险管理。**三是加快发展个人住房贷款中介服务。**为个人住房贷款业务提供包括价格评估、抵押登记、贷款担保、资信调查等全面的中介服务。

5. 在部分城市试点开征房产税

研究选择在部分城市开展房产税试点，对个人或家庭的部分高档住房或多套住房，按照适当比例征税。这既可以为保障性住房的建设筹集一定的资金，也有利于缩小日益扩大的贫富差距，还可以引导个人合理的住房消费，抑制高端住房市场的盲目发展，鼓励地产商更多地开发一般商品房和经济适用房，缓解房地产市场的结构性供求失衡问题。

6. 出台《基本住房保障法》，为住房保障奠定法律基础

《基本住房保障法》的起草工作目前正在紧锣密鼓地进行，应进一步加大工作力度，争取 2012 年出台，对城乡居民的基本住房保障权利、住房保障的基本原则、住房保障制度建设的基本思路和政策措施加以明确，为加快推进住房保障体系建设奠定法律基础。

中期（2013—2020 年）：主要是取消经济适用房政策，大力解决进城农民工住房保障问题，健全住房保障的金融税收扶持政策，积极推动"以房养老"

1. 取消经济适用房政策，将其纳入廉租房政策体系

在近期出台禁止将经济适用房向市场出售、变"只售不租"为"租售并举"及政府"暗补"转为"明补"三大政策的基础

上，中期应尽早取消单独的经济适用房政策，将其逐步纳入廉租房政策体系的框架，实现两大住房保障政策的并轨。这主要是考虑到，廉租房政策不会像经济适用房政策那样对房地产市场发展造成扭曲和割裂，也能够更好地实现政府住房保障政策的针对性和有效性等目标。取消经济适用房政策后，政府还可以筹集更多的土地出让收入用于廉租房建设和廉租房补贴。

2. **基本解决低收入家庭住房保障问题，适度扩大住房保障范围**

通过进一步加大对廉租房的投入，在中期，要基本解决低收入家庭的住房困难问题，并以房价水平较高的大城市为重点，逐步扩大住房保障范围，合理改善城镇居民居住条件。

3. **完善农民工住房保障政策，大力解决其基本住房保障问题**

一是重视和解决农民工住房问题。解决农民工住房问题，采取个人市场租赁、用工单位筹集和住房保障相结合。农民工比较集中的用工单位，要集中建设向农民工出租的集体宿舍。有条件的城市，可将居住满一定年限且有稳定工作和收入来源的农民工纳入住房保障范围，享受与城镇居民同等的住房保障政策。二是在农民工进城并有稳定的收入来源后，政府应当对在城镇定居后自愿退出农村宅基地的农民工给予一定的经济补偿，调动他们退出农村宅基地的积极性。把农民工在城市购房与农村住房退出和盘活相衔接，可以促进农村住房和宅基地资源的合理流动和充分利用，既增强进城农民工住房保障能力，又有利于增加农村耕地和地方政府城镇建设用地指标，收"一举多得"之功效。三是积极推动将就业比较稳定的农民工纳入住房公积金体系，允许住房公积金用于农民工购买或租赁自住住房。四是加强对城乡接合部和城中村农民工聚居地区的规划、建设和管理，提高公共基础设施保障能力。通过努力，力争进城农民工的住房条件进一步得以改善。

4. 继续大力推进农村危房改造工作，加快实施新农村建设

一是在 2012 年将农村危房改造试点扩展到全国每个县市的基础上，继续加大投入力度，争取在中期基本消除广大农村的危房，彻底解决农村住房安全问题。二是加快实施新农村建设。按照"生产发展、生活宽裕、乡风文明、村容整洁、管理民主"的新农村建设 20 字方针，以村为单位整体实施住房建设和村庄改造，提升农村居民的居住条件，改善农村基础设施和公共服务设施条件，进一步促进农村宅基地的集约合理使用。在有条件的地区，稳步推进小城镇集聚和村庄整合。三是建立健全新农村建设的投入引导机制。政府要做好村庄建设的科学规划，并给予必要的引导和扶持，具体可采取对农户直接补助、对集中建设的农房项目开发单位和自建房农户给予贷款贴息、以奖代补等方式，同时要做好村庄"腾空地"的开发整理和复垦工作。

5. 扩大房产税试点，完善房地产税税制

在开展房产税试点的基础上，进一步完善方案，适时在全国范围内推开。通过在保有环节每年按房屋价值的一定比例征收房产税（依法扣除一定面积），有利于通过增加房地产使用成本对房屋空置浪费形成有效的经济制约。

6. 稳妥开展保障性住房资产证券化试点，探索发展房地产信托基金（REITs）

在中期，为进一步拓宽保障性住房建设的资金渠道，一是可稳妥开展保障性住房资产证券化试点。政府或者合适的房地产开发商可建立保障性住房开发项目公司，并依靠项目公司，通过"租赁"加"信托"的模式，由保障性住房产权所有者与信托公司合作，将具有稳定性和连续性的保障性住房租金收款打包升级，设计成信托产品发行，这既能够集合更多的社会闲散资金投入住房建设，也能够使市场投资者分享房屋租赁资产收益。在开展试点的过程中，要认真总结国内外经验教训，切实做好风险控制工作。二是探索发展保障性住房的房地产信托基金。政府把保障性住房物业卖给 REITs，然后再租回来，由政府向 REITs 交租金，可以解决后续建设资金不足问题以及银行不敢贸然发放贷款的僵局，为保障性住房建设提供更可靠的资金保障。

7. 探索推进住房反向抵押贷款，实行"以房养老"，发挥住房的补充养老保障职能

住房反向抵押贷款通常又被称为"倒按揭"，是为老年人提供生活保障的一种方式。有住房的老年人，将自有产权的房产抵押给银行，但银行不立即收回房产，而是仍留给老人居住，并每月定额发给其一定的生活费用。待老人过世后，拥有房屋产权的银行通过拍卖等方式收回放贷成本，并与老人法定继承人分享拍卖后的剩余利润。在人口老龄化日趋严峻的情况下，推进"倒按揭"，充分发挥住房的养老保障职能，可以分担公共养老金制度的负担，满足老年人不同的养老保障需求，并为银行提供新的收益渠道。

"倒按揭"是一项非常复杂的工作，在制度、技术以及观念层面都还面临着不少障碍和难题，但我们对此应本着积极的态度加以探索和推进，设计出符合中国国情的"倒按揭"制度模式。

远期（2021—2040 年）：主要是进一步完善和提升

一是较好实现全体人民"住有所居"的目标。在坚持集约利用土地原则的基础上，城乡居民的居住条件比中期有进一步明显改善，社会成员在住房方面的差距明显缩小。二是将房产税征收范围逐步扩大。三是房地产市场得到更加健康的发展。四是住房保障制度的管理工作非常健全。

健全七大保障体系之七：
教育保障体系

　　百年大计，教育为本。优先发展教育是实施科教兴国战略和人才强国战略的必要途径，促进教育公平是保障公民依法享有受教育权利的重要措施。近些年来，随着农村义务教育经费保障机制改革的推进和高等教育的日趋发展，我国城乡九年制免费义务教育全面实现，职业教育快速发展，高等教育进入大众化阶段，教育公平迈出重大步伐。我国教育事业正处在一个新的历史起点上，进入了一个新的发展阶段。但是，教育事业发展中仍然存在一些深层次的体制性、结构性矛盾，必须坚持改革创新，进一步消除制约教育发展和创新的体制机制障碍，全面推进教育事业发展和改革。《国家中长期教育改革和发展规划纲要（2010—2020 年）》（简称《纲要》）提出了"到 2020 年，基本实现教育现代化，基本形成学习型社会，进入人力资源强国行列"的战略目标，明确了具体的工作思路和政策措施，要求"财政资金优先保障教育投入，公共资源优先满足教育和人力资源开发需要"。

为促进社会成员能够更加公平地享有较好水平的教育，结合《纲要》精神，就近期、中期和远期健全教育保障体系提出如下建议。

近期（2012 年底前）：巩固义务教育成果，大力发展职业教育

1. 巩固和发展全面普及义务教育的成果

进一步落实投入责任，加大投入力度，加强资金管理，进一步完善中央财政和地方财政分项目、按比例分担的农村义务教育经费保障机制，提高保障水平，实现并巩固义务教育经费保障机制改革的目标，依法确保每个孩子免费接受九年义务教育，特别要关爱农村留守儿童，建立健全政府主导、社会参与的农村留守儿童关爱服务体系和动态监测机制，努力消除辍学现象。推动农村义务教育经费保障机制改革资金绩效考评试点工作。落实好免除城市义务教育阶段学杂费工作，认真解决好进城农民工随迁子女接受义务教育问题。尽快化解农村义务教育学校债务。加快推进全国中小学校舍安全工程，基本消除中小学校舍的安全隐患。

2. 大力发展职业教育

近年来，我国职业教育有了较快发展，但是在质量和数量方面与社会需求相比仍然存在较大差距。造成这一现象的原因，除了办学模式不符合社会要求、工学结合的有效机制未形成外，

还有很重要的一点就是社会上普遍存在"重高等教育、轻职业教育"的观念，将接受职业教育视为上大学无门后一种不得已的选择。我在瑞士了解到，瑞士并未出现我国这样的"高考潮"，对接受初中义务教育的学生，老师通常会给一个基本建议，是走读大学的路子还是走上职专的路子，相当一部分学生会转向职业学校，或选择进入企业当学徒工。瑞士社会并不歧视学徒工和职业教育，很多年轻人对钟表、机械、设计、银行等行业的学徒工趋之若鹜，学徒工也可以通过上工程师学校或接受继续教育拿到高学历，成为企业高层。瑞士职业教育的发展情况对我国很有启示，我国应从以下几方面入手，增强职业教育吸引力，提高职业教育水平，加快职业教育发展。

（1）明确职业教育的职能和定位。职业教育是就业教育，应坚持以服务为宗旨、就业为导向的理念，研究制定出适应经济发展方式转变和产业结构调整要求，体现终身教育理念，中等和高等职业教育协调发展的现代职业教育体系和制度，以利于中期大力培养适应生产、建设、管理、服务一线需要的应用型人才。（2）研究出职业教育专业设置的科学办法。职业教育在专业设置上要与普通教育有所区别，突出应用性和操作性，要以社会对其毕业生的接受度为关键衡量标准。（3）改革完善职业教育的培养模式。职业教育要大力推行工学结合、校企合作、顶岗实习的人才培养模式。坚持职业学校教育和职业培训并举，全日制与非全日制并重。职业院校要融入企业的生产经营过程，一方面学校从企业引进专业人才任教，另一方面教师每年要有不少于两个月的生产实践，确保学校教学与生产实践有机结合。（4）完善促进职业教育发展的财政扶持政策。健全多渠道投入机制，加大职业教育投入。中等职业教育实行政府、行业、企业及其他社会力量依法筹集经费的机制。高等职业教育实行以举办者投入为主，受教育者合理分担培养成本等筹措经费的机制。创新投入方式，实行"以奖代补"，结合绩效考评结果给予补助等。(5) 进一步健全国家对职业教育的资助政策体系，逐步实行中等职业教育免费制度。

3. 研究支持农村学前一年教育发展的政策措施

研究表明，学前教育投入产出比是最高的，达1∶8。目前我国农村学前教育普及率不到20%，很多农村是农民自筹资金来办学前教育的。加大农村学前教育设施建设和师资队伍培养的力度，使更多的农村儿童特别是农村留守儿童能够接受到学前教育，这有利于农村儿童身心更健康地成长，也能够为提高农村义务教育水平打下基础。近期要从师资培养、小学教师转岗、园舍建设或利用调整后的小学校舍等方面着手研究加快农村学前教育发展的政策措施，加大政府投入，完善成本合理分担机制，先将一年的学前教育范围明显扩大。

4. 健全促进民办教育事业发展的政策措施

近年来，我国民办教育有了进一步发展，但是也面临着一些突出问题，比如生存与发展空间受到制约、政策扶持体系不完善、民办教育的地位与权益难以得到切实保障、民办学校自身管理存在很多问题等。为此，要从以下几方面采取措施，推动民办教育（含慈善事业办教育）特别是义务教育阶段民办教育事业的大发展：一是制定完善促进民办教育发展的优惠政策，健全公共财政对民办教育的扶持政策。二是清理整顿"假民校"，为"真民校"发展腾出更大空间。对那些没有真正的独立法人、独立财务，政校不分、产权不明晰的各种"公办、名校办民校"，要进行清理整顿，促进教育领域公平竞争，并鼓励民办教育机构托管或整体受让公办学校，优化整合资源。积极探索营利性和非营利性民办学校分类管理。三是充分发挥行业中介组织的监督、评估作用，建立质量评价体系和良性竞争机制。对民办教育教育质量进行独立、客观的评估。四是维护好民办学校教师的合法权益，增强民办学校对教师的吸引力。政府要切实维护好民办学校教师的工资福利和社会保障待遇等各方面权益，使他们能够与公办学校教师享有平等的社会地位。

5. 完善教育经费保障机制

进一步增加教育投入，到 2012 年将国家财政性教育经费支出占国内生产总值的比重提高到 4%。为此，要在进一步壮大公共财政有效财力、提高财政收入占 GDP 比重的基础上，加大调整财政支出结构的力度。具体来讲，一是增加教育费附加收入。二是要明确将土地出让收入的一定比例用于农村义务教育校舍维修改造。三是适当增加彩票公益金对教育的投入。四是加大督促检查力度，确保地方政府教育支出责任的落实。同时，要切实加强教育投资管理，提高政府教育投入效益。特别是要进一步提高学生的综合素质，明显提高各级各类学校毕业生的社会接受度或就业率。

中期（2013—2020 年）：提升教育公平性，逐步延长义务教育年限

1. 主要教育指标基本达到同期中等发达国家的发展水平

这一时期，要着力使我国的主要教育指标有明显改进，基本达到中等发达国家的水平。比如，基本普及学前教育，学前一年毛入园率由 2009 年的 74.0% 提高到 95.0%；巩固提高九年义务教育水平，巩固率达到 95%；普及高中阶段教育，毛入学率达到 90%，高等教育毛入学率提高到 40%；高等学校的助学金和奖学金制度大大完善，困难家庭学生接受高等教育的负担明显减轻，所有成绩合格的困难学生能够上得起大学，且大学学业不因勤工俭学等因素受到较大影响。此外，在教育观念的现代化、学生创新精神和创新能力等方面也有明显提高。

2. 义务教育质量进一步提高，教育均衡发展有实质性突破

一是进一步提高义务教育质量。继续稳步提高义务教育阶段教师待遇，进一步增强义务教育阶段教师工作的吸引力。建立国家义务教育质量基本标准和监测制度，健全义务教育绩效考核机制，努力调动学校提高义务教育质量的积极性。二是促进义务教育均衡发展。虽然我国实现了免费义务教育，但教育机会不均等和非均衡问题还普遍存在。比如，全国普通中学生均教育经费支出最高与最低的省市之比是 6.2:1；农村小学辍学率是全国平

均水平的 4 倍；农村小学和初中专任教师中，本科以上学历的比例分别比城市低 21 和 38 个百分点。因此，中期要进一步公平布局教育资源，加大公共教育资源配置向薄弱地区倾斜的力度，促进义务教育均衡发展方面再上新台阶。（1）在统筹规划、科学布局、整合资源的基础上，继续加大边远地区和农村中小学建设力度，在人事及工资政策等方面加大对边远农村地区的教师倾斜。对居住过于分散的，要推广寄宿制，集中安排到县城或条件较好的城镇集中接受教育。（2）中央和省级政府的教育投入进一步向贫困地区和教育欠发达地区倾斜，市（县）政府的投入要向本地区困难学校倾斜，多"雪中送炭"，少"锦上添花"，淡化或取消"示范校"、"重点学校"、"窗口学校"等概念。（3）建立全国通用义务教育卡，取消义务教育学校借读费，完善异地接受义务教育的保障机制。（4）推广现代信息和传播技术，实现不同地区优质教育资源的整合与共享。（5）健全国家义务教育质量标准体系，发挥义务教育质量监测对教育公平发展的作用，并实行相应的问责制度。三是大力促进中等职业教育与普通高中教育的均衡发展，大力促进高等职业教育与普通高等教育的均衡发展，形成职业教育和普通教育比例基本合理的发展局面。

3. 将普通高中（职业高中）阶段教育纳入义务教育，并继续推进学前义务教育

由于我国生育率的下降，学龄人口将呈现略有下降的趋势。随着受教育人口的减少，以及国家财力的不断增强，在中期，应鼓励有条件地区在巩固"普九"成果的基础上，进一步扩大义务教育的范围。一是优先加快推进普通高中（职业高中）阶段义务教育，将普通高中（职业高中）阶段教育纳入义务教育，争取到 2020 年基本实现 12 年义务教育的目标。二是继续鼓励各地推进学前义务教育。先确保全国学前一年毛入园率实现 95% 的基础上，争取全国学前两年毛入园率实现 30%—50% 的目标。三是启动修订《义务教育法》工作。为远期义务教育发展制定目标和任务，提供法律保障。

4. 进一步发展职业教育，提高学生就业率

深入贯彻落实《国务院关于大力发展职业教育的决定》，到 2020 年，力争形成中等和高等职业教育协调发展的现代职业教育体系，并稳定和提高高等职业教育招生规模。进一步发展各种形式的职业培训，每年培训城乡劳动者 2 亿左右人次，使我国劳动者的素质得到明显提高。要从学生职业规划和就业能力的提高、从高校办学面向市场出发，切实加强职业技能教育，提高学生就业能力，明显提高学生的实际就业率。

5. 规范、整合、提升就业培训服务体系和政策

为劳动力供求双方提供有针对性和高效率的就业培训，促进就业工作的有效开展，促进我国劳动力走向国际。

6. 大力发展民办教育

远期（2021—2040 年）：在全国范围内实现 15 年免费义务教育，义务教育实现基本均等化，处于国际先进水平

一是大力推动全国范围内的 15 年免费义务教育。在中期基本实现 12 年免费义务教育以及基本实现学前一年教育的基础上，通过地方各级财政切实加大教育投入以及中央财政大大提高教育均衡性转移支付力度，争取在 2030 年之前在全国基本实现学前 3 年免费义务教育。二是小学和初中阶段的免费义务教育基本实现均等化，高中阶段和学前教育阶段的免费义务教育均衡发展也有较大突破。三是在所有适龄人口都能够接受质量基本均等的义务教育的同时，通过进一步改革完善教学方式，更好地激发学生的学习积极性，使其始终保持旺盛的求知欲。四是高等教育得到较大程度普及，民办教育得以较大幅度发展。高等教育基本能够满足人民群众的需要；涌现一大批具有国际一流水平的公办、民办职业教育、初中教育、小学教育、学前教育的学校。五是留学生教育得以大力发展。形成一大批吸引国外留学生和港澳台学生来学习的学校和职业教育学校。同时，职业教育学校对我国企业走向国际提供大批优质的劳动力。我国基础教育的竞争力走在国际前列。

结　语

　　从 2007 年年中下笔，到今天写下书稿结语，时已三载矣！究其原因：一则是日常工作较忙，写作只能见缝插针、断断续续。二则是选题较大，涉及民生的方方面面，非常复杂。三则反复研究和琢磨，每次都会有一些新想法，故数易其稿。

　　其间，令我尤感高兴的是：我国在健全社会保障体系、改善民生方面不断迈出新的步伐：医药卫生体制改革全面启动，新型农村社会养老保险试点和农村危房改造试点正在推开，保障性住房体系建设力度明显加大，中长期教育改革发展的大政方针得以明确。可以说，发展之快，成果之丰，在世界社会保障发展史上是罕见的。作为这一过程的亲历者，不仅由衷赞叹，而且也为自己能够略尽微薄之力感到欣慰。可以说，这是我写作和完善此稿的压力、动力之源泉。

　　其间，令我不由深思的是：陷入主权债务危机的希腊、爱尔兰、冰岛等国为控制赤字而缩减福利，造成了大罢工和社会混乱，暴露出了这些国家福利制度存在的深层次问题和矛盾。我在

想，从 20 世纪 70 年代的两次石油危机到今天的国际金融危机，30 多年来已经有很多发达国家在这方面栽了跟头。我们不可能像发达国家那样搞从摇篮到坟墓的高福利，也不可能像蒙古国那样因开发出一座大铜矿就一下子为全国 260 万人实施跃进式的福利保障。为此，我"奋笔疾呼"：要准确把握我国社会保障体系建设中的"度"，一方面要不断健全和发展社会保障体系，通过必要的救济、健全的保险、适度的福利来更好地满足人民的保障需求；另一方面要注重保护社会成员的工作积极性，用制度激发他们的创造力，有效实现权利与责任的对应，公平与效率的均衡。

其间，令我越发坚信的是：有党中央、国务院的高瞻远瞩和科学谋划，有社保制度建设的后发优势，有中华文化和东方文明的优良传统，我们肯定会走出一条中国特色的民生社会良性发展之路，确保我国经济、社会、政治可持续健康发展。

为此，我愿奉出不懈的努力、献上衷心的祝福。

策划编辑:李春生

封面设计:曹　春

图书在版编目(CIP)数据

险与保/王军 著. -北京:人民出版社,2010.8

ISBN 978 - 7 - 01 - 009191 - 4

Ⅰ.①险… Ⅱ.①王… Ⅲ.①社会保障-福利制度-研究-中国

Ⅳ.①D632.1

中国版本图书馆 CIP 数据核字(2010)第 159100 号

险 与 保

XIAN YU BAO

王 军 著

人民大版社 出版发行

(100706　北京朝阳门内大街 166 号)

北京瑞古冠中印刷厂印刷　新华书店经销

2010 年 8 月第 1 版　2010 年 8 月北京第 1 次印刷

开本:710 毫米×1000 毫米 1/16　印张:19.5

字数:207 千字　印数:0,001-5,000 册

ISBN 978 - 7 - 01 - 009191 - 4　定价:40.00 元

邮购地址 100706　北京朝阳门内大街 166 号

人民东方图书销售中心　电话 (010)65250042　65289539